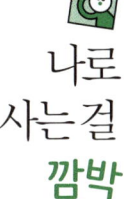

나로
사는 걸
깜박
했어요

나로 사는 걸 깜박했어요

2017년 11월 27일 교회 인가
2018년 4월 25일 초판 1쇄 펴냄
2025년 3월 1일 초판 6쇄 펴냄

지은이 · 홍성남
펴낸이 · 정순택
펴낸곳 · 가톨릭출판사
편집 겸 인쇄인 · 김대영
편집 · 강서윤, 김지영, 김지현, 박다솜
디자인 · 강해인, 이경숙, 정호진
마케팅 · 임찬양, 안효진, 황희진, 노가영

본사 · 서울특별시 중구 중림로 27
등록 · 1958. 1. 16. 제2-314호
전자우편 · edit@catholicbook.kr
전화 · 1544-1886(대표 번호)
지로번호 · 3000997
ISBN 978-89-321-1512-2 03230

값 15,000원

ⓒ 홍성남, 2018
성경 ⓒ 한국천주교중앙협의회

이 책은 저작권법에 의해 보호를 받는 저작물이므로 무단 전재와 무단 복제를 금합니다.

가톨릭의 모든 도서와 성물, 디지털 콘텐츠를 '가톨릭북플러스'에서 만날 수 있습니다.
https://www.catholicbookplus.kr | (02)6365-1888(구입 문의)

나로 사는 걸 깜박 했어요

루카 복음서에서 찾은 진짜 나로 살아가는 힘

홍성남 지음

가톨릭출판사

머리말

마음이 성장하는
시간이 되시길

어린 시절 신앙생활에 발을 들여놓은 이후 성경을 접할 때마다 늘 짐을 진 듯 마음이 무거웠습니다. 그것은 성경을 감당하기 어려운 말씀으로 여기고 성경에 따라서 살지 못한다는 생각에 불안감과 우울감에 시달렸기 때문입니다.

그러다가 상담 심리를 접하면서 주님 말씀의 다른 부분이 보이고 느껴지기 시작했습니다. 말 그대로 자유로운 영혼인 주님을 만나는 체험을 한 것입니다. 그러한 체험과 제가 공부한 상담 심리 지식을 바탕으로 루카 복음서를 영성 심리적 관점에서 살펴보았습니다. 루카 복음서의 이야기를 통해 진짜 나로 살아가도록 만드는 힘을 찾고자 하였습니다.

자신을 힘들게 하는 것은 다른 어떤것보다 자신의 마음입니다.

그런데 우리는 그런 자신의 마음을 잘 모릅니다. 그래서 행복해지려고 하면서, 오히려 마음을 억압하고 마음에 무거운 짐을 올려 놓습니다. 이것이 미처 잘못되었다는 것을 깨닫지 못하고 진짜 나를 찾지도 않습니다. 이렇게 된 많은 분들이 혼란 속에 빠져 꼼짝달싹하지 못하는 삶을 살고 있습니다.

이 책을 통하여 우리 마음속에 있는 진짜 '나'를 찾는 방법을 알아 보세요. 이 책을 천천히 정독하시면 성경에 나오는 인물들을 다른 시각으로 볼 수 있으며, 종교는 왜 믿어야 하는지, 우리는 어떤 마음가짐으로 살아야 하는지 깨달을 수 있습니다. 이렇게 자신의 마음을 들여다보고 묵상하면서 성장하는 시간을 가져 보시기 바랍니다.

심리 상담을 하면서 상담만으로는 안 되는 일들이 많다는 것을 느꼈습니다. 오랜 세월 얽히고설킨 문제들을 접하면서 해결되지 않는 문제들에 자괴감을 느낀 적도 많았습니다. 그러나 성경에 담긴 마음 치유법에는 우리의 힘을 뛰어넘는 지혜가 담겨 있습니다. 이 지혜를 맛보고 마음의 감옥에 갇힌 자기 자신을 풀어 주시기 바랍니다. 남들 눈에 수준 높아 보이는 삶을 살기보다 진짜 나 자신으로 사는, 자기 수준에 맞는 행복한 삶을 사시기 바랍니다.

아직도 우리 교회에는 성경을 자기 식으로 해석하여 말씀에 억눌려 사는 사람들이 많습니다. 즉, 말씀을 무거운 율법처럼 느끼는 분들이 많습니다. 그러나 성경은 우리가 행복하게 사는 법을 알려 주는 지침서입니다. 이 책이 진짜 나로 살고자 하는 분들뿐만 아니라 말씀에 억눌려 사시는 분들에게 조금이나마 마음의 짐을 덜어드릴 수 있었으면 좋겠습니다.

가톨릭 영성심리상담소장
홍성남 마태오 신부

차례

머리말 마음이 성장하는 시간이 되시길　5

제1장
하찮은 사람은 아무도 없습니다

나의 부족함을 인정할 때　14

겸손하고 당당하신 성모님처럼　18

슬픔에 깊이 빠지지 않고
기쁨을 온전히 누리는 방법　21

나도 마리아처럼 찬미할 수 있을까요?　24

하찮은 사람은 아무도 없습니다　27

내 인생을 탓하고 싶을 때　30

세상에 맞추지 않아도 됩니다　33

이러한 우리에게 주님이 오십니다　36

어떠한 태도를 취할 건가요　39

내 안의 모든 것을 주님께　42

배움을 구하는 게 어려운가요　45

내 영혼을 가두지 마세요　48

지금 삶의 책임은 내게 있습니다　51

마음의 면역 기능을 강화시키려면　54

치유받고자 하는 마음이 있다면　57

굳건한 의지만이 이룰 수 있는 일이 있습니다　60

이성이 아닌 감성으로　62

주님은 우리를 늘 받아 주십니다　65

제2장

자신의 행복을 선택하세요

변화는 한번에 일어나지 않습니다 70

불편하게 느껴지는 것이 나 자신의 모습입니다 73

건강한 소리를 구분하는 방법 77

왜 남을 단죄하고 싶을까요? 80

홀로 머무는 시간이 필요합니다 83

건강한 죄책감이란? 86

모든 일에 감사하는 사람이 성인입니다 89

시중드는 여인들의 높은 자존감 93

무엇이든 적극적으로 원하면 이루어집니다 96

잘 풀지 않으면 98

자신을 믿어 주는 사람에게는
모든 것을 맡길 수 있습니다 101

물은 99도에서 끓지 않습니다 104

불안을 이용하는 방법 108

집착과 미련을 버리고 감사하는 마음을 가질 때 112

사람은 공동체의 분위기에 영향을 받습니다 116

하느님의 뜻은 무엇일까요? 119

높은 자리보다 영성 훈련이 시급합니다 122

자신의 행복을 선택하세요 125

제3장

천국은 누구나 찾아갈 수 있는 곳입니다

다른 사람을 용서해야 하는 이유 128

주님께 마음껏 응석 부려 보세요 131

시기심, 나에게 부족한 부분을 알려 주는 신호 134

내 방에 하느님을 모신다면 137

천국은 누구나 찾아갈 수 있는 곳입니다 140

기도가 주는 심리적 안정감 143

가장 소중히 여기는 것에 따라 삶이 변합니다 146

세상에 문제가 없는 사람은 아무도 없습니다 148

실패하는 자기 자신을 받아들이기 151

보석 같은 말, 침묵 154

겨자씨 같은 사람이 된다는 것 157

남을 편안하게 해 주려면 160

마음속 동굴 탐색 163

나와 같은 사람은 없습니다 166

아픈 자아를 외면하지 마세요 169

스스로를 죄인이라고 생각하는 사람들에게 172

내가 비호감은 아닐까요? 175

늘 용서받고 용서해 주어야 합니다 178

같이 울고 같이 슬퍼해 주는 곳 181

제4장
약한 나를 고백할 때 진정한 힘이 생깁니다

나르시시즘에는 약도 없습니다 186

지옥은 꼭 죽어서 가는 곳이 아닙니다 189

사람이 가질 수 있는 최고의 행복은 192

하느님은 나를 버리지 않으실 거라고 195

하기 싫은 일을 해야 할 때 198

화날 때 참지 마세요 201

바로 옆에 행복이 있습니다 204

성찬례의 기원인 최후의 만찬 207

유다가 했던 실수 209

사람의 마음을 움직이려면 212

시련을 겪을 때 함께 있어 주세요 215

약한 나를 고백할 때 진정한 힘이 생깁니다 218

믿음이 깊어지려면 221

사람에게는 자연 치유력이 있습니다 224

진정한 어른이 되어 주십시오 227

주님은 묻지도 따지지도 않으십니다 230

후회를 다루는 방법 233

지나간 과거와 마주하기 236

엠마오로 가는 길 239

제1장

하찮은 사람은
아무도
없습니다

나의 부족함을
인정할 때

루카 1,5-25

천사가 즈카르야에게 나타나서 아들을 잉태할 것이라는 기쁜 소식을 전합니다. 그러나 즈카르야는 천사의 말에 의구심을 표합니다. 왜냐하면 자기와 엘리사벳 모두 나이가 많아서 아이를 가질 수 없다는 것을 자명한 사실이라고 여겼기 때문입니다. 그런데 즈카르야가 시큰둥한 반응을 보이자 천사는 다음과 같이 말합니다.

"보라. 때가 되면 이루어질 내 말을 믿지 않았으니, 이 일이 일어나는 날까지 너는 벙어리가 되어 말을 못하게 될 것이다."

천사는 즈카르야에게 좀 과하다 싶을 정도로 강한 벌을 줍니다. 너무하다 싶을 정도이지요. 그렇다면 천사는 왜 그렇게 과한 벌을 준 것일까요?

천사는 즈카르야에게 이렇게 말합니다. "두려워하지 마라, 즈카르야. 너의 청원이 받아들여졌다. 네 아내 엘리사벳이 너에게 아들을 낳아 줄 터이니, 그 이름을 요한이라 하여라." 이 말을 자세히 살펴보면 즈카르야가 평소에 아들을 갖게 해 달라고 청원을 드렸음을 알 수 있습니다. 사실은 그 자신도 자신이 아들을 낳는 것을 불가능하다고 생각하지 않았던 것입니다. 그러나 그는 천사가 아들을 낳게 될 거라고 말하자 "제가 그것을 어떻게 알 수 있겠습니까? 저는 늙은이고 제 아내도 나이가 많습니다."라며 의심하고 증거를 보여 달라는 태도를 보입니다. 이는 그가 다른 사람의 말에 반박하기를 좋아하고 상당한 지적 우월감[1]을 가지고 있는 사람이 아닐까 하는 생각이 들게 합니다.

천사는 즈카르야의 이런 성격이 태어날 그의 아들, 주님의 앞날을 닦을 운명을 지닌 아들의 성격에 영향을 미칠까 봐 우려를 했던 것 같습니다. 즉, 아들이 아버지를 닮아 교만해져서 주님을 알아보지 못하고 자기 역할을 제대로 못할 것을 미리 차단하기 위해 더 이상 입으로 죄를 짓지 못하도록 한 것이라 생각됩니다. 천사의 이런 단호한 대응은 나중에 세례자 요한이 자신이 주님의 신발 끈을 풀

---

1 지적 우월감: 남보다 많이 안다고 자랑하고 싶은 마음. 우월감이 전면에 나타나는 사람은 매사에 자신만만하고 교만해 보이지만 사실 이면에는 열등감을 느끼기 때문에 이렇게 행동하는 경우가 많다. 우월감과 열등감은 동전의 양면이기 때문이다. 그래서 소통에 불편함을 남기는 경향이 있다.

어 드릴 자격조차 없는 사람이라고 겸허하게 고백하는 데 결정적인 영향을 주었을 것입니다.

한편 즈카르야가 천사에게 이의를 제기한 까닭은 지적인 무력감 때문이기도 합니다. 정신 분석학의 창시자인 프로이트는 〈환상의 미래〉라는 논문에서 인간은 자신의 무력감을 감당할 만한 것으로 만들기 위해서 수많은 관념들을 만들어 낸다고 말한 바 있습니다. 즉, 알지 못할 때 생기는 무력감을 해소하기 위해서 장황한 이론을 만들어 낸다는 것이지요. 그래서 아는 척을 하고, 다른 사람의 말을 업신여기는 것인데 즈카르야가 바로 이런 심리적 문제를 가지고 있었던 것입니다.

그렇다면 이러한 실수를 최소화하려면 어떻게 해야 할까요? 우리 자신이 모든 것을 알지 못한다는 사실을 인식하고, 겸손한 자세로 마음을 열고 공부하려는 자세를 유지해야 합니다. **모르는 것에 직면했을 때 아는 척하기보다 자신이 무지하고 무기력하다는 것을 인정하고 인내할 수 있어야** 합니다. 이러한 마음가짐은 힘든 시간을 견딜 때 더욱 유익합니다. 즈카르야는 말을 하지 못하는 벌을 받는 동안에 이런 깨우침을 갖는 은총을 얻은 사람입니다. 오늘 하루, 혹시 남에게 아는 척하고 싶어질 때에는 즈카르야를 떠올리며 침묵해 보는 것은 어떨까요?

묵상 시간

즈카르야가 벌을 받은 까닭은 자신이 세상사를 다 안다는 교만한 생각을 품었기 때문입니다. 혹시 나도 즈카르야처럼 교만한 마음을 갖고 있지는 않은지 자신을 돌아보는 시간을 가져 봅시다.

겸손하고 당당하신
성모님처럼

루카 1,26-38

    천사가 마리아에게 나타나서 하느님의 아들을 잉태하여 낳을 것임을 알립니다. 마리아는 이 소식에 놀라면서도 그 뜻이 무엇일까 곰곰이 생각합니다. 그러고는 즈카르야와 달리 천사의 말을 의심없이 받아들이며, "말씀하신 대로 저에게 이루어지기를 바랍니다."라고 겸손하면서도 당당하게 말합니다.

    마리아처럼 담대하고 당당한 마음을 갖기 위해서는 마음이 건강해야 합니다. 그렇다면 마리아는 어떻게 해서 건강한 마음을 가질 수 있었을까요? 이를 알기 위해서는 마음속에 내재한 감정을 이해할 필요가 있습니다. 마음에는 여러 감정들이 있습니다. 이 감정들이 활동하기 위해서는 에너지가 필요합니다. 그런데 이 에너지는 어디서 오는 것일까요? 바로 외부의 자극이 있을 때 에너지가 형성

되고 변화가 일어납니다. 만약 외부에서 아무런 자극도 주어지지 않는다면 마음은 고인 물처럼 서서히 썩어 가게 됩니다.

그렇다면 외부에서 끊임없이 자극이 주어지면 마음이 늘 새롭게 변화하고 완성될 수 있을까요? 심리학자인 융은 꼭 그렇지는 않다고 합니다. 융은 정신이 외부 세계에 완전히 열려 있으면 혼돈이 오고, 완전히 닫혀 있으면 침체가 생긴다고 말합니다. 따라서 항상 외부 경험에 마음을 열어 둘 것이 아니라, 정기적으로 자기 안으로 침잠하는 시간을 갖고 일상사에 초연해져야 합니다. 그래서 기도와 만남이라는 두 가지 방법을 적절히 사용할 때 건강한 마음을 가질 수 있다고 하는 것입니다.

기도와 만남을 적절히 운용하며 사는 사람들은 어디에서든지 당당하게 하느님의 말씀을 선포하는 삶을 살 수 있습니다. 마리아의 당당함과 건강한 마음은 이런 삶에서 온 것이라고 생각합니다. 다른 사람들이라면 기겁할 상황인데도 자기의 의견을 피력한 마리아의 당당함은 이후에도 아드님의 곁을 지켜 주는 힘이 되었습니다.

지금도 전 세계 사람들은 겸손함과 두려움 없는 마음을 지녔던 성모님께 전구를 청합니다. 그러나 정작 우리가 해야 할 것은 성모님의 당당함을 배우는 일이 아닐까 하는 생각을 해 봅니다.

묵상 시간

마리아는 천사가 말을 걸었음에도 두려움 없이 참으로 당당한 모습을 보였습니다. 이렇게 담대한 마음은 세상을 살아가는 데 아주 중요한 것입니다. 그동안 나는 어떠한 태도로 삶을 살아왔는지 살펴보시고 성모님을 본받으시기 바랍니다.

슬픔에 깊이 빠지지 않고
기쁨을 온전히 누리는 방법

루카 1,39-45

    마리아는 성령으로 말미암아 아기 예수님을 잉태합니다. 자신에게 갑자기 닥친 일로 엄청나게 불안할 수 있는 상황이었지요. 그러나 마리아는 불안감에 빠져 있지 않고 기쁜 마음으로 엘리사벳을 찾아갑니다. 마리아는 이처럼 마음이 건강한 사람이었습니다.

    우리는 예기치 못한 일이 생기면 금방 초조해하고 불안감을 느낍니다. 이것은 자연스러운 반응인데 마음이 건강하지 못하면 문제를 해결하려고 노력하기보다 쉽게 포기하려고 합니다. 술을 마시고 한탄만 하고, 이를 방어막 삼아 자기의 무기력을 감추려는 비겁한 행동을 하기도 합니다. 좋은 일이 생겨도 일시적인 안도감을 느낄 뿐입니다. 그 일에 감사하지 않고 오히려 비관적인 심리에 빠져듭니다. 평화로울 때조차도 다음에 올 위기를 생각하면서 전전긍긍한 채 살아갑니다.

　이런 까닭에 자신의 마음을 들여다보고 이를 제대로 인식하는 것이 중요합니다. 또한 자신을 행복하게 하려는 의지를 가져야 합니다. 과거에 있었던 문제를 새로운 시각으로 바라보고 이를 해결하기 위해 새로운 방법을 시도해 봐야 합니다. 이런 방식으로 마음을 건강하게 만들 때 아무리 어려운 일이 닥쳐도 효과적으로 대처하고, 건설적으로 살아갈 수 있는 것입니다.

　그러나 마음이 건강한 사람이라도 간혹 비관적인 심리에 빠질 수도 있습니다. 그렇다면 이런 심리적인 문제가 닥쳤을 때 어떻게 대응해야 할까요?

　첫 번째, 대부분의 문제와 불행감은 어떤 일에 깊이 빠져들었을 때 생긴다는 것을 알아야 합니다. 즉 사소한 일에 너무 깊이 빠져들지 말아야 합니다. 지나치게 분석적인 태도는 편협한 생각을 하게 하고, 마음을 불편하게 만듭니다. 또한 사소한 것에 깊이 빠져들다 보면 그 안에서 길을 잃고 해결책을 찾지 못하는 경우가 많습니다.

　두 번째, 생각을 관리하는 사람이 바로 나 자신이란 것을 잊어서는 안 됩니다. 우리 각자에게는 자기 자신을 교정하는 정서 체계가 있습니다. 기분에 따라서 인생을 바라보는 눈이 180도로 바뀔 수 있다는 것입니다.

　기분에 따라 시각을 바꾸는 정서 체계는 누구나 가지고 있습니다다. 그래서 아무리 열악한 환경일지라도 정신력을 발휘할 수 있고, 그 어떤 충격에서도 믿을 수 없는 회복력을 가질 수 있습니다. 물론 이것은 내 생각의 주인이 바로 나 자신일 때 가능한 일입니다. 이렇게 긍정적인 마음을 키워 갈 때에 인생을 보는 안목도 한 단계씩 올라가고, 인간적으로도 성숙해집니다.

아기 예수님을 잉태한 마리아의 마음이 만약 건강하지 못했다면, 마리아는 아마도 방 안에서 우울한 나날을 보냈을 것입니다. 그러나 마리아는 하느님을 충실히 믿으며, 건강한 자의식을 가지고 있었습니다. 그래서 자신에게 다가온 일에서 불안감보다 기쁨을 더 깊이 느꼈고, 그 기쁨을 나누는 동시에 더 큰 의미를 찾기 위해서 엘리사벳을 찾아가는 여정을 떠났습니다. 마리아의 여정을 묵상하며 그동안 내게 닥친 문제에 어떻게 접근했는지 자기를 돌아보는 것은 어떨까요?

묵상 시간

마리아는 아기 예수님을 잉태한 상태에서도 초조해하거나 불안해하지 않았습니다. 이를 떠올리며 스스로 긍정적인 마음을 키워 가기 위해 할 수 있는 일이 무엇인지 묵상해 봅시다.

나도 마리아처럼
찬미할 수 있을까요?

루카 1,46-56

　서울의 야경은 휘황찬란합니다. 그러나 그 북적거리는 밤거리를 어두운 얼굴로 걸어가는 사람들을 보면 마음이 안쓰럽습니다. 신앙도, 스승도, 대화할 친구도 없이 세상을 떠돌이처럼 살아가는 사람들, 밑도 끝도 없는 방황의 길을 사는 사람들, 왜 사는지 의미도 모른 채 힘겨운 하루하루를 버티면서 사는 사람들, 이런 사람들에게 나치의 수용소에서 기적적으로 살아남은 빅터 프랭클이라는 심리학자는 이런 조언을 해 줍니다.

　"사람은 인생으로부터 의미와 사명의 물음을 받는 존재다. 인생에서 일어나는 사건들은 그것이 아무리 힘들고 괴롭다 할지라도, 그렇게 된 데에는 무언가 의미가 있기에 그 의미를 깨닫고 배우도록 재촉하고 있는 것과 같다. 인생이란 그와 같은 배움과 깨달음을 얻는 과정이며, 정신적 성숙과 영적 성장의 기회이자 시련의 장인 것이다. 인간에게 주어진 자유는 어떤 조건이 주어질지 선택할 수 있다는 것이 아니라, 그 조건에 대하여 어떤 태도를 취할지 선택할 수 있다는 것이다."

만약 빅터 프랭클이 편안한 삶을 살면서 이런 말을 하였다면, 사람들은 그의 말을 제대로 듣지 않았을 것입니다. 그러나 그는 죽음의 문턱에서 정신적인 자유를 갖기 위해 필사적인 노력을 기울이고, 그 노력 덕분에 인생의 의미를 깨닫는 은총을 얻은 사람이었습니다. 그저 머리로 얻은 깨달음이 아니라 자기 목숨을 걸고 깨달음을 얻었기에 그의 말에는 진정성이 있습니다.

역사 속에는 이런 깨달음을 얻은 사람들이 적지 않습니다. 이들은 다른 사람들이 보기에 불행해 보일지라도 마음에는 자유와 행복이 가득한 사람들입니다. 마리아 역시 그런 사람 가운데 한 분입니다. 루카 복음서 1장 46절에서 55절에서 마리아는 마니피캇을 부릅니다. **마음에 행복이 가득 찬 상태에서 마리아는 자신의 존재 의미를 깨달은 기쁨을 노래로 부른 것입니다.** 마치 득도한 승려가 시 한 수로 자신의 심경을 노래하듯이 말이지요. 이것은 마리아가 그저 평범한 처녀가 아니라 영성적으로 상당한 경지에 있었음을 알려 주는 대목입니다.

마리아의 마니피캇을 들으면서 우리는 부러움과 감탄을 동시에 느낄 수 있습니다. '과연 나도 마리아처럼 저렇게 주님을 찬미할 수 있을까?' 하고 말이지요. 물론 할 수 있습니다. 빅터 프랭클이 조언한 것처럼 내 인생의 의미, 나의 사명에 관하여 주님과 깊은 대화를 나눈다면, 성령께서 우리에게도 마니피캇을 부를 수 있는 은총을 주실 것입니다.

묵상 시간

우리는 삶의 의미를 찾아야 가치 있는 삶을 살 수 있습니다. 그만큼 삶의 의미란 소중한 것이지요. 그런데 세상에는 공짜란 없습니다. 귀한 것일수록 피와 땀을 흘려야 얻을 수 있지요. 오늘은 삶의 의미를 찾기 위해 내가 어떠한 노력을 하고 있는지 깊이 생각해 보는 시간을 가져 봅시다.

하찮은 사람은
아무도 없습니다

루카 1,57-66

세례자 요한이 태어났습니다. 아기에 대한 소문을 들은 사람들은 모두 그 아기가 대체 어떤 인물이 될 것인가 하는 기대를 했습니다. 주님이 아기를 보살피신다는 것을 느꼈기 때문이지요.

복음에서 이러한 인물의 이야기를 듣다 보면, 하느님이 보시기에 '나는 어떤 존재일까.' 하고 궁금하기도 하고, '나는 참으로 초라한 인생이구나.' 하고 실망하기도 합니다. 하느님의 섭리는 세례자 요한과 같이 특정한 사람들에게만 적용되는 것이고, 보통 사람들은 그럭저럭 살다가 죽는 것이 아닌가 하는 생각이 들기 때문입니다. 그런 생각은 우리를 슬프게 하고 무기력하게 합니다. 그러나 이런 생각은 콤플렉스가 만들어 낸 건강하지 못한 생각일 뿐입니다.

이에 대해 알베르트 아인슈타인은 "인간은 우주라고 부르는 전체의 일부며, 시간과 공간의 한계 속의 일부다."라고 말했습니다. 이 말은 사람들이 자기 자신이나 자신의 삶이 다른 것과 분리되거나 소외된 것처럼 느끼지만, 이는 일종의 착각이라는 뜻입니다. 우리는 전체의 일부로 서로 연결되어 살고 있지요. 또한 미국의 작가인 켄 윌버는 이렇게 말했습니다. "우주에는 자기 진화의 힘이 있다. 사람은 우주의 자기 진화의 일부임을 자각하고, 그 사명을 완수할 수 있는 유일한 존재다." 이 말은 우리 모두가 이 끝없는 대우주에서 각자 자기가 해야 할 일, 실현시켜야 할 사명을 갖고 지금 여기에 현존하고 있다는 뜻입니다. 모든 사람은 각자 다른 사명을 지닌 것처럼 보이지만 사실은 하나의 큰 사명의 부분을 실현하고 산다는 말입니다. 우리는 이러한 사람들의 말을 통해 세례자 요한과 같은 특정 인물을 하느님이 편애한다고 생각하는 것이 실제로는 하느님의 섭리와 맞지 않는다는 것을 알 수 있습니다.

사람은 별입니다. 사람은 꽃입니다. 그 별이 별똥별일지라도, 그 꽃이 진창에 핀 꽃일지라도, 누구도 그 존재 의미를 부정하거나 비하할 권리가 없습니다. 오히려 **우리 눈에 하찮게 보이는 생명체의 존재 의미를 깨닫고, 그 별이 빛나게 하고, 그 꽃이 피어나게 하는 것이 우리의 사명입니다.** 그리고 그런 사명을 완수하면서 나의 존재 의미에 대한 깨달음도 깊어지는 것입니다. 저는 종종 상담을 할 때 내담자에게 평소에 하찮게 보이던 것들을 그려 보라고 시킵니다. 그림으로 그것을 표현하려면 관심을 가지고 집중해야 하는데, 그런 과정 속에서 내가 하찮게 여길 것이 아무것도 없음을 깨닫기 때문입니다.

젊은 시절, 백수처럼 하루하루 시간을 까먹던 시절, 도대체 '내가 살아야 할 이유가 무엇인가?' 하는 회의에 빠져 고민했습니다. '나는 그냥 밥만 축내고 있지 않은가?' 하는 생각 때문에 밥을 챙겨 먹는 것 자체도 너무나 괴로웠지요. 할 줄 아는 게 아무것도 없다는 생각으로 계속 제 자신을 괴롭혔습니다. 그러나 할 게 아무것도 없는 사람은 없습니다. 가장 작은 것부터 시작하면, 작은 밀알 하나가 많은 열매를 맺듯이 자기만의 삶이 피어날 것입니다.

묵상 시간

내가 할 줄 아는 것, 사람들에게 내가 줄 수 있는 것, 사람들이 나를 필요로 하는 것이 무엇인지 한번 찾아봅시다.

내 인생을
탓하고 싶을 때

루카 1,67-79

누구나 한 번쯤은 살면서 이런 생각을 합니다.

'내 인생은 왜 이 모양일까?'

'나 같은 사람이 이 세상을 사는 까닭은 무엇일까?'

'왜 나는 이리도 지지리도 못났을까?'

'나는 왜 하는 일마다 안 되는 것일까?'

'매일같이 반복되기만 하는 이런 삶에 무슨 보람이 있을까?'

'이런 삶에서 언제 탈출할 수 있을까?'

그런데 문제는 이런 생각을 깊이 하면 할수록 생각이 점점 더 부정적이 되어 간다는 것입니다. 그래서 아무것도 하기 싫어지고 공허감만 더 심해지는 것입니다.

그렇다면 이런 생각이 드는 근본적인 원인은 무엇일까요? 너무 자신의 문제만, 그것도 안 좋은 문제만 바라보는 경향 때문입니다. 세상에서 자신만이 특별히 힘들고 못났다고 생각하기에 결과적으로 불행감이 커지는 것입니다. 이는 역으로 나만의 행복을 추구하는 자기중심적인 삶의 방식이 가지고 오는 심리적 폐해입니다. 세상 만물은 혼자가 아닙니다. 서로 연결되어 있는 것이지요. 이를 깨닫지 못하고 모든 것이 제각각 흩어져 있다는 생각을 하며 자신을 고립시키면 스스로를 마음의 감옥에 가두게 되고, 필요 없는 우울감을 만들어 냅니다.

만약 이런 문제를 안고 산다면 자기 자신에게 집중하는 것을 일단 멈추고, **다른 사람들을 위하여 해야 할 일이 무엇이 있는지를 찾아보는 시간을 갖길** 권합니다. 자기의 사명이 무엇인지 탐구해 보는 시간을 갖는 것이지요. 그리고 **나를 초월한 누군가를 향하여 마음의 문을 여는 것도** 권합니다. 즉, 기도하면서 하느님이 주시는 메시지에 마음의 문을 열어 보는 시간을 갖는 것입니다.

그렇게 마음의 문을 열어 가다 보면 하느님이 부르시는 소리를 들을 수 있습니다. 그 소리를 들은 사람들은 그제서야 자신의 존재 의미를 깨닫고, 하느님의 이끄심을 체험하게 됩니다. 기도를 통해 나를 초월한 생명에 눈을 뜨게 될 때에, 나는 큰 생명의 일부라는 것을 깨달을 수 있습니다. 이때 내가 가진 문제는 사실 너무 작아서 아무것도 아니란 것을 알게 됩니다. 그리고 그동안 자신이 스스로 만든 감옥에서 살아왔음을 보게 되어 비로소 거기서 나올 수 있습니다.

그런데 또 하나의 문제는 마음의 고민이 깊어 가고 불행감이 커질수록 그런 감정에 도취되어 기도하려고 하지 않는다는 점입니다. 자기감정에 빠져서 다른 것은 보려고 하지 않는 것이지요. 눈을 들어서 하늘의 별을 보아야 하는데, 힘들수록 고개를 땅에 떨구고서 진창투성이 땅바닥만 원망합니다. 이렇게 나아갈 힘과 기도할 힘마저 없을 때에는 우리 자신을 위해 다른 사람들이 기도한다는 것을 기억하세요. 그러면 그러한 기도의 힘으로 우리 자신을 추스를 수 있을 것입니다.

묵상 시간

하느님의 이끄심을 체험한 적이 있나요? 있다면 이때를 떠올리면서 기도할 힘마저 없는 이웃을 위해 기도해 보는 것은 어떨까요?

세상에 맞추지 않아도 됩니다

루카 1,80

　루카 복음사가는 세례자 요한이 자라면서 정신이 굳세어졌다고 합니다. 그리고 그가 광야에서 살았다고 전해 줍니다. 아주 짧은 이 구절은 매우 중요한 내용을 담고 있습니다.

　세례자 요한이 광야에서 살았다는 말은 무엇을 의미하는 것일까요? 광야는 온실과 반대되는 곳이지요. 상징적으로 볼 때, **온실은 기르는 사람의 의지가 많이 작용하는 곳이고, 광야는 자신의 의지가 중요한 곳**이라고 볼 수 있습니다. 세례자 요한은 광야에서 지내면서 어떠한 사회적 편견이나 억압에서 벗어나 자신의 의지에 따라 굳센 정신으로 자유롭게 하느님을 선포할 수 있는 힘을 기른 사람입니다.

　심리학자인 짐킨은 어른들이 말은 하지 않지만 아이들에게 세상에 맞춰야만 살아남을 수 있다고 가르친다고 말합니다. 아이들이 자신의 재능과 자기의 자아보다 어른들이 바라는 대로 살도록 강요를 한다고 말입니다. 그런데 이런 식으로 어릴 때부터 자신의 진정한 삶을 살려는 본원적인 욕구가 짓밟히면, 아이는 자라서 아무런 내적인 희망 없이 다른 사람들이 제시하는 가치관을 맹종하면서 살게 됩니다. 즉, 자신이 진정으로 바라는 바가 무엇인지 찾지 않고, 정치적인 구호나 도덕 명제만을 좇아 헤매다가 결국은 자신의 존재를 잃고 정신적인 방황을 한다는 것이지요. 이런 상태를 일컬어서 짐킨은 '존재 상실의 위기'라고 하였습니다. 존재 상실의 위기는 존재를 부정하는 잘못된 교육에서 비롯된 것인데, 이렇게 자기 존재가 상실된 사람들은 자신을 무가치한 존재, 혹은 열등한 존재로 인식해서 자신의 소중한 시간과 에너지를 낭비하면서 살다가 결국은 절망 속에서 죽음을 맞습니다.

그런 의미에서 아이가 있는 그대로 존중받으면서 자란다는 것은 참으로 중요한 일입니다. 그렇게 자란 아이들은 세례자 요한처럼 굳센 정신을 가진 어른으로 성장합니다. 광야에서 뛰노는 아이처럼, 광야의 바람과 같은 자유인이 되어 자신의 인생을 가질 수 있고, 자기의 참자아를 가질 수 있습니다.

저는 참으로 오랫동안 마음이 답답하였습니다. 젊은 시절 사제가 되기 전, 주위에서는 좋은 대학에 가서 좋은 직장을 얻어야 돈도 벌고 사람대접을 받는다고 채근을 많이 하였습니다. 그런 이야기를 듣다 보면 '그래, 맞아.' 하면서 마음이 불현듯 급해졌지요. 그래서 제가 원하는 삶보다는 주위에서 원하는 대로 살려고 갖은 노력을 다했습니다.

그러나 시간이 점차 지날수록 마음속에서 무엇인가 답답한 느낌이 솟아올라왔습니다. 견디기 힘들 정도로 말입니다. 그런데 그때마다 '이렇게 살다가 죽을 수는 없어.' 하는 내재아의 소리가 들려왔습니다. 그 에너지와 소리 덕택에 인생의 길을 다시 선택하여 사제가 되었습니다. 아직도 저는 가야 할 길이 많이 남았지만, 그 당시 선택한 것을 후회하지 않는 인생을 살게 되었지요. 우리에게는 우리 자신만의 모습이 있습니다. 그 모습을 찾을 때까지 자기 행복을 위한 선택을 하는 삶, 광야에서 사는 삶을 사시길 바랍니다.

묵상 시간

내가 하고자 하는 일이 무엇인지 곰곰이 생각해 보며, 그 목표를 위해 어떻게 노력해야 할지, 나의 삶은 어떠한 삶인지 살펴보는 시간을 가지시길 바랍니다.

이러한 우리에게
주님이 오십니다

루카 2,8-14

　우리는 목자라는 말을 들으면 목가적인 풍경을 생각합니다. 그래서 아마도 목자들이 행복한 삶을 살던 사람들이었을 것이라고 추측합니다. 그런데 루카 복음사가는 이 목자들을 아주 짧은 말로 표현합니다. "들에 살면서 밤에도 양 떼를 지키는" 사람들이라고 말이지요. 이 말은 목자들이 낮은 계층의 사람들이었고, 일 때문에 늘 경계심과 불안감을 가지고 살았던 사람들이라는 것을 함축적으로 말해 줍니다.

　사실 당시의 목자들은 지배층에 착취당하는 피해자이면서 한편으로는 가해자이기도 하였습니다. 다른 사람의 땅에 몰래 들어가서 자기 양 떼를 먹이기도 하고, 남의 물건을 훔치기도 했기 때문이지요. 또한 들에 살다 보니 성격도 거친 편이어서 다른 사람들과도 잘

어울리지 못했고, 사회적으로도 평판이 좋지는 않았습니다. 그런 목자들에게 천사가 나타나서 아기 예수님의 탄생 소식을 전합니다.

"오늘 너희를 위하여 다윗 고을에서 구원자가 태어나셨으니, 주 그리스도이시다."

다른 사람이 아닌 바로 목자들을 위하여, 사회적으로 평판이 좋지 않은 이들을 위하여 메시아가 태어나셨다는 메시지를 전한 것이지요. 어쩌면 목자들은 현실을 살아가는 우리의 자화상인지도 모릅니다. 밤에도 양 떼를 지키기 위해 전전긍긍하는 목자들처럼 우리도 자신이 가진 것을 다른 사람들에게 빼앗길까 전전긍긍합니다. 또한 목자들처럼 일상사에서 크고 작은 죄를 짓고 살지요. 어떤 희망도 목표도 없이 그냥 눈이 떠지면 살고 눈이 감기면 자는 일상사를 반복합니다. 그래서 죽지 못해 산다는 말을 자주 하며 하루하루를 보내기도 하지요. 이러한 우리에게 주님께서 오신 것입니다. 우리를 살리시려는 하느님으로 말이지요. 그래서 우리는 우리의 구세주로 오신 예수님께 경배를 드리는 것입니다.

저도 젊은 시절 방황하면서 제 자신을 천덕꾸러기로 여긴 적이 있습니다. 가진 것도 없는 데, 할 줄 아는 것도, 할 수 있는 것도 없어서 하루살이 인생이라고 푸념하고 살았지요. 그러다가 주님의 부르심을 받고, 새롭게 훈련받으면서 하느님의 종으로서 저의 자리를 찾을 수 있었습니다. 저 자신의 노력이 아니라 순전히 하느님의 관대함 덕분에 이렇게 일어설 수 있었던 것입니다. 주님은 이러한 분이십니다. 참 고마운 분이시지요.

묵상 시간
부족한 나를 지금까지 이끌어 주신 주님의 은총을 깊이 묵상해 봅시다.

어떠한 태도를
취할 건가요

루카 2,15-20

　목자들은 천사를 만난 뒤 마리아와 요셉과 아기 예수님께 찾아가 천사의 말을 전했고, 하느님을 찬미하고 찬양하며 돌아갔습니다. 목자들이 천사들과 만난 이후에 한 일련의 행동은 얼핏 보면 별것 아닌 것처럼 보일지 몰라도 사실 아주 중요한 행위를 한 것입니다. 즉, 사회의 천덕꾸러기가 아닌 하느님의 말씀을 전하는 사람의 모습으로 바뀐 것이지요. 이 목자들은 어떤 마음가짐을 가졌기에 이렇게 하는 것이 가능했던 것일까요?

　이 물음에 심리학자인 빅터 프랭클은 '태도 가치'라는 개념으로 답을 주고 있습니다. 태도 가치란 자기에게 주어진 운명 또는 어떻게 바꿀 수 없는 운명에 직면하였을 때 어떤 태도를 취하는지에 따라 실현되는 가치입니다. 사람은 자기가 짊어지지 않으면 안 될 과거와 운명을 지니고 있습니다. 이런 자기 운명을 어떻게 만들어 갈 것인가에 대하여 인생으로부터 물음을 받는 존재이지요. 이 물음에 대하여 어떤 태도를 취하는지에 따라 실현되는 가치가 다릅니다. 자신에게 주어진 운명을 어떤 마음가짐으로 받아들이느냐에 의해서 좋은 인생을 살 수도 있고, 좋지 않은 인생을 살 수도 있기 때문입니다. 그래서 사람은 어떤 조건이 주어질지 선택할 수 있는 자유를 갖고 있는 것이 아니라, 그 조건에 대하여 어떤 태도를 취할지 선택할 수 있는 자유를 갖고 있다고 말하는 것입니다.

천사들을 만난 목자들은 다른 목자들처럼 사회적으로 대우받지 못하던 사람들이었습니다. 즉, 좋은 조건에서 사는 사람들이 아니었지요. 그러나 그들은 그런 운명에 굴복하지 않았습니다. 자신들의 슬픈 운명이 언젠가 바뀔 것이라는 희망을 잃지 않고 살았습니다. 삶에 대하여 이러한 태도를 가지고 사는 사람은 시간을 허비하지 않고, 쓸데없는 데 힘을 낭비하지 않습니다. 그리고 늘 마음의 눈이 열려 있기에 다른 사람들이 보지 못하는 것들을 보면서 새로운 힘을 얻고, 새로운 삶을 만들기 위해 노력합니다.

희망이 없다는 것은 참으로 힘겨운 일입니다. 어디로 가야 할지 무엇을 해야 할지 아무것도 손에 잡히지 않는 그런 상태는 살아 있는 이의 삶이 아니라 죽은 이의 삶인 것입니다. 그런 지경에서 벗어나기 위해서는 천사들을 만난 목자들과 같이 작은 희망을 부여잡고 있어야 합니다. 왜냐하면 **희망을 가진 사람에게만 기회가 주어지기 때문**입니다. 아무리 작은 가게 사장일지라도 직원을 구할 때에는 눈이 초롱초롱하고 일을 열심히 하는 사람을 뽑고 싶어 합니다. 그리고 좋은 사장인 경우 그 점원이 성공하게끔 돕기도 합니다. 이런 마음은 사람이나 하느님이나 마찬가지일 것입니다.

묵상 시간

희망은 피로 회복제와 같습니다. 피곤하고 지쳤을 때 다시 생기를 북돋아 주지요. 내가 가진 인생의 피로 회복제에는 어떤 것이 있는지 생각해 봅시다.

내 안의 모든 것을
주님께

루카 2,22-24

　우리는 태어나는 순간부터 죽는 순간까지 생존을 위하여 최선을 다합니다. 자신이 할 수 있는 모든 재능을 활용하지요. 이렇게 활용하는 재능 가운데 어떤 것은 주어진 상황과 조건에 맞춰서 각 사람마다 특별하게 발달하기도 하고 어떤 것은 그렇지 않기도 합니다. 이때 발달된 재능은 우리가 주로 활용하는 것이 되어서 의식에 남고, 상대적으로 덜 발달된 것은 무의식으로 들어가게 됩니다. 그래서 무의식에 존재하는 것들은 발달이 덜 되어 미숙한 상태에 머물러 있기 마련입니다.

　그런데 어느 순간 무의식에 존재하는 것들이 외부로 드러나기도 합니다. 그렇게 되면 도덕적·사회적으로 높은 평가를 받는 사람이라도 갑자기 평소와는 다른 행동을 하기도 합니다. 이런 까닭에 전혀 그럴 것 같지 않은 사람이 어느 순간 사람들을 놀라게 하는 것입니다. 그렇다고 해서 무의식에 존재하는 것들이 무조건 유치하고 해로운 것만은 아닙니다. 이러한 것들을 잘 개발하면 이것들이 가지고 있는 원시적인 본능 덕분에 엄청난 에너지를 가지고 예술품을 창작할 수도 있으며, 일상생활에서도 활력을 갖게 됩니다.

경직된 종교관은 이런 무의식에 존재하는 것들을 근본적으로 죄악시하고 억압하는 경향이 있습니다. 계속 그런 관점으로 보게 되면 무의식에 존재하는 것들은 더욱더 억압되어, 그것이 분출될 때 더 비도덕적이고 야만적인 형태로 드러나게 됩니다. 마치 지킬 박사와 하이드와 같이 이중적인 삶을 살게 될 수도 있지요. 자신도 왜 그랬는지 모르게 이중적 행위를 하는 것입니다. 법 없이도 살 것 같다는 말을 듣는 사람이 순간적으로 폭행을 하거나, 살인을 저지르게 되는 것도 바로 이러한 억압 때문이기도 합니다.

복음에 따르면 주님의 율법에 "태를 열고 나온 사내아이는 모두 주님께 봉헌해야 한다."라고 기록되어 있다고 합니다. 이 말씀은 **우리 마음에 있는 모든 것을 다 주님께 봉헌하라는 메시지이기도 합니다.** 어떤 것은 하느님께 봉헌하고 어떤 것은 억압하고 숨기라는 것이 아니라 내 안의 모든 것을 주님께 봉헌하라는 말씀이지요. 이러한 봉헌 행위야말로 내 마음을 건강하게 만드는 최선의 방법이라 말할 수 있습니다.

> 묵상 시간

내가 가진 종교가 나를 가두는지, 아니면 나에게 힘을 주는지, 종교의 역할에 대해서 한번 생각해 봅시다.

배움을 구하는 게 어려운가요

루카 3,1-18

　세례자 요한은 탄생과 죽음이 잘 알려져 있지만 삶 자체도 참으로 드라마틱합니다. 보통 사람들과는 다른 삶을 살았지요. 광야에서 살다가 하느님의 말씀을 받고 세례를 주었으며 하느님 나라를 선포하였습니다. 그렇게 기쁜 소식을 전하려고 했습니다. 그러나 사람들이 그런 세례자 요한을 메시아라고 생각하자 그는 사람들에게 이렇게 말합니다. "나는 너희에게 물로 세례를 준다. 그러나 나보다 더 큰 능력을 지니신 분이 오신다. 나는 그분의 신발 끈을 풀어 드릴 자격조차 없다." 세례자 요한은 자신은 메시아가 아니라고 분명히 밝히는 사람이었습니다. 그는 어떻게 해서 정직한 삶을 살 수 있었던 것일까요?

　류소라는 작가가 쓴 《각인각색 심리 이야기》라는 책에 따르면 인간은 그 자신이 어떠한 사회적 욕구를 중시하는지에 따라 몇 가지 유형으로 분류할 수 있다고 합니다. 권력, 성취감, 모험, 소유, 명예, 자아실현에 대한 욕구로 크게 나누어 볼 수 있다는 말입니다.

세례자 요한은 그중에서 성취감을 중시하는 '성취형 인간'으로 볼 수 있습니다. 성취형 인간이란 어떤 행동을 선택할 때 돈, 권력, 명예 때문이 아니라 그 일 자체에 즐거움과 의미를 부여하는 동기에 의해서 일을 성취하는 사람을 말합니다. 세례자 요한이 성취형 인간이 아니었다면 그는 광야라는 환경에서 세례를 주고 하느님 나라를 선포만 하지 않았을 것입니다. 그렇다고 권력이나 명예에 대한 욕구가 강했다면 자신이 메시아가 아니라고 하지도 않았겠지요.

성취형 인간은 자신이 가진 장점을 잘 활용합니다. 자기의 모자람을 한탄하면서 시간을 낭비하지 않습니다. 자신의 영역에서 중간 이상 혹은 아주 높은 수준의 모험적인 일에 도전하는 경우가 많습니다. 그리고 자기가 설정한 수준에 도달함으로써 성취감, 만족감, 행복감을 얻습니다. 한 영역에 깊이 몰두하고, 어떤 문제에서 모순을 발견하길 좋아합니다. 그리고 그 모순을 제거하기 위해서 다시 몰두합니다. 한마디로 창조적이고 생산적인 삶을 사는 것입니다.

그렇다면 이런 성취형 인간이 되려면 어떠한 마음가짐을 가져야 할까요? 그 답은 과정을 중시하는 배움의 자세를 가져야 한다는 것입니다. 과정을 중시하는 배움의 자세란, 인생은 죽을 때까지 배움의 과정이란 것을 인식하고 사는 것을 말합니다. 세례자 요한이 예수님께 자기는 신발 끈을 풀어 드릴 자격조차 없는 사람이라고 한 것은, 자신이 메시아가 아니라는 것을 강조하는 말이기도 하지만, 바로 그가 배움의 자세를 가진 겸손한 사람임을 드러내는 말이기도 합니다. 그리고 그가 이러한 자세로 살았기에 인생에서 성공하고 역사에 이름을 남겼다는 점을 항상 명심하시기 바랍니다.

묵상 시간

지금껏 살아오면서 내가 배운 것이 무엇이며, 이로써 얼마나 많은 사람들을 행복하게 해 주었는지 묵상해 봅시다.

내 영혼을
가두지 마세요

루카 3,19-20

헤로데 임금은 세례자 요한을 감옥에 가둡니다. 감옥, 생각만 해도 섬뜩한 느낌이 드는 곳입니다. 죄를 지은 사람들을 감옥으로 보내는 이유는 단 한 가지, 그곳에 자유가 없기 때문입니다.

사람에게 자유가 얼마나 중요한지를 체험해 본 사람들은 압니다. 자유가 없는 공동체에서 사는 사람들은 외적인 조건이 아무리 좋다고 하더라도 인간성이 결여되어 있습니다. 자기 인생을 스스로 만들지 못하며, 권력에 복종하여 성숙하지 못하고 기계적인 삶을 삽니다. 무엇이 문제인지 판단할 수 없게 되고 생각이 편협해집니다. 그리고 시간이 갈수록 동물적인 욕망만 추구하게 됩니다.

자유는 이처럼 소중한 것입니다. 영혼을 키우는 물과 같은 것이지요. 그런 의미에서 사람을 감옥에 가두는 징역형은 인간에게 주어지는 최악의 처벌 가운데 하나입니다. 그런 감옥에 세례자 요한이 투옥되었습니다. 그런데 여기서 역설적인 현상이 나타납니다. 감옥에 갇힌 요한은 자유를 느끼고, 감옥에 가둔 헤로데는 오히려 자유롭지 못함을 느끼는 것입니다.

왜 그럴까요? 세례자 요한은 자신의 마음 안에 감옥을 만들지 않았습니다. 그는 **하느님께서 주시는 길을 가고 있다는 확신**이 있었기 때문에 마음의 자유를 가지고 있었지요. 그러나 자신이 하느님의 길을 가지 않는다는 죄의식을 가진 헤로데는 자신을 정죄하였습니다. 스스로 죄인임을 인정하고 있었기에 자신의 마음 안에 감옥을 만든 것입니다.

우리가 살아가면서 깨달아야 할 공부 가운데 하나는 지금 내 영혼이 자유로운가, 아니면 감옥 안에 갇혀 있는가에 대한 답을 찾는 것입니다. 내 영혼을 감옥에 가두는 것은 두 가지입니다. 하나는 다른 사람들이 자신에게 던지는 말이고, 또 하나는 내가 나 스스로를 죄인으로 단정 짓는 생각입니다.

이 두 가지 원인을 해결하는 방법은 한 가지입니다. 그것은 바로 **나의 무지를 깨닫는 것**입니다. 진정한 자유로움이 무엇인지를 깨닫는 순간, 내 마음에 있는 감옥은 순식간에 무너져 버리고 나를 가두려고 했던 것들은 한순간에 힘을 잃습니다. 초라한 본모습을 드러내는 것이지요.

'아! 그것은 내 본성이 아니구나. 내 마음이 아픈 것이었구나.' 하는 작은 깨달음이 생길 때마다 마음 안에서는 자유로움이 일어나고, 오랫동안 마음을 칭칭 동여맸던 밧줄이 끊어져 나가는 시원함을 느끼게 됩니다. 이런 깨달음을 얻으려면 자신을 이해하기 위한 공부를 많이 해야 합니다. 그래야 영혼이 자유로워져서 자기 인생을 활짝 피울 수 있습니다.

묵상 시간
평생 나를 가둔 말이나 생각에는 어떤 것이 있는지 써 본 뒤에 종이를 찢어 버리고 자유로워집시다.

지금 삶의 책임은
내게 있습니다

루카 3,23-38

'피해자 증후군'이라는 증세가 있습니다. 과거에 상처를 입어서 지금 이렇게 살 수밖에 없다는 식으로 말하는 증세입니다. 이러한 증세를 지닌 사람은 부모를 잘못 만나서, 혹은 과거에 하도 가난하게 살아서 등 여러 가지 과거사를 들먹이면서 현재 삶을 변명합니다. 또한 가족들과 다른 사람들에게 생떼 쓰듯이 스트레스를 주며, 입버릇처럼 "나에 관해 뭘 알아?"라고 합니다. 그리고 "나를 이해하고, 내가 하고 싶어 하는 것을 들어주어야 해."라고 하면서 다른 사람들이 힘들어하건 말건 뻔뻔하게 자기중심적인 행동을 하지요. 이러한 모습은 그들이 마치 특권을 누리는 듯한 느낌을 주기도 합니다.

열악한 과거 때문에 마음속에 상처가 생기셨다면 예수님도 이러한 피해자 증후군에 걸리셨을 수도 있었으리라는 생각이 듭니다.

특히 복음서에 예수님의 족보를 기록에 남길 정도로 그 당시는 조상을 중요시하던 때였기에 더욱 그렇게 될 수 있었을 것입니다. 그러나 예수님은 마음이 건강하고 지혜로우며 당당한 사람으로 자라 당당하게 활동을 시작하셨습니다. 예수님은 어떻게 그러실 수 있었을까요?

그것은 예수님이 **누구나 과거의 상처를 가지고 산다는 것**을 잘 알고 계셨기 때문일 것입니다. 과거에 아무리 아픈 상처가 있다고 하더라도 현재 삶에 대한 책임은 나에게 있습니다. 따라서 과거에 나를 힘들게 한 사람에게 책임을 물어서도, 지금의 내 주위의 사람들에게 책임을 물어서도 안 되는 것입니다. 그리고 과거의 상처에 계속해서 매달리는 것은 지금 내 인생을 만드는 데 아무런 도움이 되지 않습니다. 과거 때문에 현재에 최선을 다하지 못한다고 푸념한다면 그것은 동정받을 일이 아니라 자기 인생을 낭비하고 다른 사람들에게 스트레스를 주는 일입니다.

사회에서 성공한 사람 가운데는 어린 시절이 불우했던 사람이 적지 않습니다. 그들은 자신의 어두운 과거나 어린 시절의 불우함을 잘 이겨 내려고 노력한 사람들로 마치 진흙탕에서 피어난 연꽃 같은 사람들입니다. 그러나 자기 안의 꽃을 피울 생각은 하지 않고, 자신의 삶이 진흙탕이라고 불평하는 사람은 결국 인생이 끝날 때까지 진흙탕 같은 삶에서 벗어나지 못합니다.

어떤 아버지가 늘 술에 취해 들어와서는 가족들에게 자신의 어린 시절이 불우했던 것에 대해 푸념하며 가난할 수밖에 없는 처지를 한탄했다고 합니다. 그러나 그런 아버지에게 어린 아들이 정색을 하고 이렇게 말했습니다. "아버지, 돈을 못 버시는 것보다 매일 그렇게 주정하시는 것이 더 보기 힘듭니다." 어린 줄 알았던 아들 입에서 나온 말에 깨달음을 얻은 아버지는 그 이후로 절대로 술을 마시지 않았다고 하지요.

사람들에게 사랑받고 본받고 싶은 사람이 되고 싶은가, 혹은 기피 대상이 되고 싶은가 하는 것은 내 과거사가 아니라, 그런 나의 과거를 딛고 어떻게 일어났는가에 달렸다는 것을 잊지 마시기 바랍니다. 과거 때문에 현재 삶을 망치는 사람이 되지 않고, 어려운 과거를 딛고 일어날 때 사람들은 우리 삶에 박수를 보낼 것입니다.

묵상 시간

사람들이 나를 어떻게 평가하는지 들어 보세요. 나를 쉼터로 여기는지 피곤한 사람으로 여기는지 살펴보세요.

마음의 면역 기능을
강화시키려면

루카 4,1-13

"어떻게 하면 유혹에 빠지지 않을 수 있을까요?"라는 질문을 받을 때가 있습니다. 어떤 사람은 아예 "마음에서 유혹을 완전히 없애려면 어떻게 해야 하나요?"라고 묻기도 합니다. '얼마나 유혹이 많으면 저런 말을 할까?' 하는 생각이 듭니다만, 유혹을 겪지 않고 사는 사람은 없습니다. 주님께서도 생전에 유혹을 당하셨으니 말입니다. 중요한 것은 유혹을 어떻게 견디고 이겨 내는가 하는 것입니다.

유혹은 마치 감기와도 같습니다. 감기가 육체적인 면역 기능이 약해졌을 때 찾아오는 것처럼, **유혹 역시 마음의 면역 기능이 약해졌을 때 찾아오는 것입니다.** 그렇다면 마음의 면역 기능을 강화시키려면 어떻게 해야 할까요? 복음에서 보듯이 주님처럼 광야에 나가야 합니다. 여기에서 광야란 하느님을 만나는 장, 기도하는 장을 의미합니다.

하느님은 우리에게 심리적인 에너지를 주시는 분, 불안하고 힘겨운 영혼을 쉬게 해 주시는 분입니다. 우리 마음이 불안할 때에는 에너지의 소모가 급격하게 일어나고, 심리적·육체적으로 무너지는 현상이 나타납니다. 그런 때에 하느님과 성모님을 바라보기만 해도 그분들이 주시는 힘이 우리 영혼 안에 들어와서 내적인 치유가 일어납니다. 그래서 유혹을 견디고 어려움을 이겨 내려면 **우리 마음을 자주 광야에 머물게 하고 그곳에서 기도해야 하는 것입니다.**

광야는 참으로 묘한 곳입니다. 저는 여행을 다니면서 광야를 마주한 적이 가끔 있습니다. 그때 '광야에는 볼 것이 전혀 없을 것 같았는데 의외로 볼 것이 참 많구나.' 하는 생각을 했습니다. 그곳은 도시처럼 번잡스러우면서도 차가운 곳, 돈으로 얽히고설킨 그런 곳이 아니었습니다. 그곳은 아무것도 없는 황량한 곳 같으면서도 하느님의 손길이 느껴지는 곳이었습니다. 그래서 수많은 영성가가 광야를 찾지 않았나 싶습니다.

이스라엘 순례를 하다가 저녁 무렵에 주님께서 40일간 피정을 하셨던 광야를 보았습니다. 성가를 부르는데 울컥한 마음이 올라오더군요. 다들 눈물을 흘리며 묵상한 뒤 숙소로 돌아온 기억이 납니다. 광야는 쓸모없는 땅이 아니라, 사람의 마음을 순수로 돌려주는 곳, 무언의 메시지를 주는 곳이란 체험을 한 것입니다.

어떤 강의에서 우리 마음을 광야로 만들 수 있다는 이야기를 들었습니다. 기도하는 시간, 모든 생각과 욕구를 뒤로하고 주님과 단둘이 만나는 그 시간이 바로 광야라고 하더군요. 그 말을 듣고 '아, 그렇구나.' 하고 무릎을 쳤습니다. 그 후로 시간이 날 때마다 작은 성체 조배실 십자가 앞에 엎드려 나만의 광야를 만들고, 나의 주님과 대화하는 시간을 가져 보려 노력합니다. 그렇게 했을 때 주님이 주시는 평화와 안도감이 가슴 속에 천천히 차오름을 느낍니다.

묵상 시간

나를 가장 힘들게 하는 유혹이 무엇인지 살펴보고, 그러한 유혹이 언제 다가왔는지 자신의 삶을 곰곰이 생각해 보는 시간을 가져 보세요. 그리고 내 마음의 광야를 만드시고 그곳에서 주님과 성모님을 만나 보세요.

치유받고자 하는
마음이 있다면

루카 4,16-30

"주님께서 나에게 기름을 부어 주시니 주님의 영이 내 위에 내리셨다. 주님께서 나를 보내시어 가난한 이들에게 기쁜 소식을 전하고 잡혀간 이들에게 해방을 선포하며 눈먼 이들을 다시 보게 하고 억압받는 이들을 해방시켜 내보내며 주님의 은혜로운 해를 선포하게 하셨다."

예수님은 당신이 자라신 나자렛으로 가시어 안식일에 회당에서 이사야서의 두루마리를 펴시고 이러한 말씀이 기록된 부분을 읽으셨습니다. 예수님이 읽으신 이사야서의 내용은 의미가 깊습니다. 예수님은 바로 자신이 가난한 이들에게 기쁜 소식을 전하고 잡혀간 이들에게 해방을 선포하며 눈먼 이들을 다시 보게 하고 억압받는 이들을 해방시키는 분이라고 선포하시기 때문입니다. 곧, 육체적인 병뿐만 아니라 심리적인 병에 걸린 사람들도 치유해 주겠다고 선포하신 것입니다. 달리 말하자면, 우리 역시 주님을 믿는 것은 그분에게 치유받고자 하는 마음 때문이라고 할 수 있습니다. 이런 의미에서 **신앙생활은 우리 자신에게 아픈 곳이 있음을 인정하는 데서 시작되는 것**입니다.

사람의 자아는 많든 적든 정신적으로 병을 지니고 있다고 할 수 있습니다. 그러니 모든 사람이 다 치유를 받아야 할 대상이지요. 그런데 치유를 받기 위해서는 먼저 자기 문제를 인정해야 합니다. 아프지 않은 사람을 치료할 수 없는 것처럼, 문제를 인정하지 않는 사람을 치유할 수는 없기 때문입니다. 그런 의미에서 자기 문제를 인정하기만 해도 마음공부의 절반은 한 것이라고 말하기도 합니다.

우리는 미사 중에 시작 예식을 하며 참회 양식으로 "제 탓이요."라고 하는 고백 기도를 바칩니다. 이 기도는 모든 것이 다 자기 잘못이라는 뜻이 아니라 자기 문제를 보라는 의미에서 만들어진 것입니다. 다른 사람의 잘못을 보고 비판하거나 비난하는 것은 참으로 쉽지만 자기 문제를 보는 것은 쉽지 않습니다. 남의 뒷담화는 쉽게 하면서 자기 문제를 보는 것은 참으로 괴로워하지요. 자신의 문제를 보려면 자기 안의 온갖 건강하지 못한 요소들을 봐야 하기 때문에, 즉 자기 안의 지옥을 봐야 하기에 괴로운 것입니다. 그러나 일단 자기 문제를 보고, 자신을 솔직하게 인정하기 시작하면, 겉치레 신앙생활을 하던 때와는 전혀 다른 편안함이 시작됩니다. 진정한 자유인이 되는 것이지요. 그래서 우리는 미사 때마다 "제 탓이요."라고 하는 고백 기도를 하는 것입니다.

묵상 시간

내가 지닌 문제를 생각나는 대로 적어 보고, 그것이 내 인생에 끼친 영향을 돌아보세요. 그리고 주님께서 나를 얼마나 오랫동안 기다리고 참아 주셨는지 묵상하는 시간을 가져 보시기 바랍니다.

굳건한 의지만이
이룰 수 있는 일이 있습니다

루카 5,1-11

　밤새도록 고기를 잡으려 했던 베드로는 허탕을 쳤습니다. 그런 그에게 주님께서 "깊은 데로 나가서 그물을 내려 고기를 잡아라."라고 하셨을 때 아마도 다른 어부들은 코웃음을 쳤을 것입니다. 자기들만큼 고기 잡는 데 도가 튼 전문가가 없는데 애송이 청년이 이래라저래라 하니 기분도 나빴을 것입니다. **그러나 베드로는 의문을 가지면서도 주님의 말씀을 따릅니다.** 주님은 이런 베드로의 모습에서 교회 수장으로서 가져야 하는 마음가짐을 보신 듯합니다.

　베드로의 강점은 무엇일까요? **굳건한 의지**입니다. 미국의 발명가인 찰스 케터링은 이런 말을 하였습니다. "계속해서 나아가라. 그러면 기대하지 않은 순간에 기회와 우연히 마주칠 것이다. 나는 가만히 앉아서 기회를 잡았다는 사람에 대해 들어본 적이 없다." 베드로는 바로 이렇게 사신 분입니다. 그래서 더 많은 물고기를 잡을 수 있었고 어부에서 천국의 수문장이 되는 영광을 얻을 수 있었습니다.

세계적인 베스트셀러 작가인 말콤 글래드웰은 '일만 시간의 법칙'에 대하여 이야기했습니다. **누구나 일만 시간을 노력하면 그 분야의 아웃라이어[2]가 된다는 법칙**이지요. 일만 시간을 채우려면 하루 세 시간씩 십 년 동안 노력을 기울여야 합니다. 그 대표적인 사례가 영국 리버풀의 별 볼일 없는 청년들이었던 비틀즈였습니다. 비틀즈는 성공하기까지 십 년이란 세월을 하루에 여덟 시간씩 연습하였다고 하지요. 학위를 받는 사람들이 이구동성으로 하는 말도 같습니다. 엉덩이를 의자에 붙이고 앉아 있는 시간이 학위를 결정한다고 말입니다. 굳건한 의지 없이, 노력 없이 성공을 거두는 사람은 아무도 없습니다. 마음 안에 갈등이 일어나도, 미래에 대한 막막함에 마음이 흔들려도 하던 일을 손에서 놓지 않는 사람들, 그런 사람들이 사회생활에서나 신앙생활에서 큰 결실을 맺는 사람들입니다.

묵상 시간

내 인생에서 맺은 결실에 대해 생각해 보시고, 얼마나 노력했는지 반성해 보는 시간을 가져 보시기 바랍니다.

---

2 아웃라이어: 보통 사람의 범주를 넘어선 성공을 거둔 사람.

이성이 아닌
감성으로
루카 5,12-16

살다 보면 여러 가지 갈등을 겪기 마련입니다. 그리고 이런 갈등이 생기면 우리는 본능적으로 머리를 싸매고 생각하기 시작합니다. 그런데 사소한 갈등은 이성적으로 쉽게 해결하는 경우가 많지만 심각한 갈등인 경우에는 다릅니다. 이를 이성적으로 해결하려고 하면 갈등이 더 악화되거나 복잡해집니다.

갈등이 이성적으로 해결이 안 되는 경우에는 감성적인 해결책을 찾아야 합니다. 즉, 생각하기를 멈추는 것입니다. 그러면 이성적으로 생각하느라 멈춰 있던 감성적인 기능이 살아나서, 내가 원하는 것이 무엇인지를 알려 줍니다. 감성에는 자신에게 소중한 것이 무엇인가를 보여 주는 기능이 있기 때문입니다.

복음에서 나병 환자는 오랫동안 갈등을 겪으며 이성적으로 답을 찾으려고 했을 것입니다. '내가 왜 나병에 걸렸을까?', '왜 나만 이런 고통을 겪어야 할까?' 하면서 생각이 꼬리를 물고 또 무는 고통스러운 시간을 보냈을 것입니다. 그러나 그는 이러한 생각이 한계에 다다르자 생각을 멈추고 자기 감성에 자신을 맡겼습니다.

그 당시 나병 환자는 사회적으로 격리된 사람이었습니다. 그런 그가 병을 낫게 해 달라고 청하기 위해 주님께 가까이 간 것은 문제가 될 행동이었습니다. 그러나 그는 감성이 시키는 대로 주님께 가서 단도직입적으로 청을 드립니다. 그리고 주님은 나병 환자의 이런 마음을 잘 아시고 병을 치유해 주십니다. 주님께서 병을 치유하실 수 있도록 나병 환자가 마음을 열었기 때문입니다.

마음에 심각한 갈등이 있을 때에는 나병 환자처럼 이성이 아니라 감성으로 해결책을 찾으시길 바랍니다. 이성적으로 그것이 옳은지 옳지 않은지 따지지 말고 감성이 시키는 대로 해 보시길 바랍니다. 생각을 내려놓고 마음이 움직이도록 해 주면서 나를 맡기는 마음으로 힘을 빼 보시길 바랍니다.

주님께 청할 때도 마찬가지입니다. 이성적으로 이러한 기도를 주님께서 들어 주실 리가 없다는 생각이 들더라도 주님은 우리 마음을 잘 아시는 분임을 믿고 우리 마음에 맺힌 것을 모두 주님께 보여 드리는 기도를 하신다면 원하시는 답을 얻을 수 있을 것입니다.

묵상 시간

갈등이 생겼을 때 내가 사용한 기도 방법은 어떤 것이었는지 살펴보세요.

주님은 우리를
늘 받아 주십니다

루카 5,17-26

"나라면 이렇게 할 텐데."
"나라면 저렇게는 안 할 텐데."
"저 사람은 왜 저 모양이야?"

우리는 이런 말을 합니다. 이런 말이나 마음은 다른 사람을 자신의 눈으로 판단하기 때문에 발생합니다. 우리는 자신의 판단이 나름 객관적이고 제대로 된 판단이라 여기기 쉽습니다. 그러나 한 꺼풀을 열어 보면, 그 안에는 세상 사람들이 모두 다 내 마음에 들어야 한다는 억지 생각, 심통 맞은 마음이 또아리를 틀고 있습니다.

세상에 내 마음과 같은 사람이 존재할까요? 만약 존재한다면 어떤 일이 생길까요? 그렇게 되면 내가 무엇을 잘못하는지 알지도 못하고, 자신이 누구인지도 모르는 채 살게 됩니다. 왜냐하면 인간은 다른 사람을 통하여 자신을 알아 가는 존재이기 때문입니다.

사람은 각자 나름의 방식으로 살아갑니다. 그리고 이런 사람들이 모여 사는 사회에서는 서로가 서로를 보완해 주고, 나와 다르게 사는 사람을 그대로 인정하고 받아들여야 합니다. 그래야 나라는 존재도 같이 살아나게 되는 것입니다.

주님은 많은 병자들을 고쳐 주셨습니다. 그 모습을 본 수많은 사람들이 주님을 흠모하기 시작합니다. 당연한 일이겠지요. 그러나 세상 사람의 마음은 다 같지 않았습니다. 율법 학자들과 바리사이들은 주님을 비난하였습니다. 자기들의 눈에는 주님께서 하시는 일이 율법을 어기는 것으로 보였기 때문에 마음에 들지 않았던 것이지요. 그리고 그 마음속에는 주님을 인정하고 싶지 않은 마음이 깔려 있어서 사사건건 시비를 걸었던 것입니다.

정당한 일을 하고도 인정받지 못하신 주님의 마음은 어떠하셨을까요? 말귀를 알아듣지 못하는 사람들, 자신의 기준으로만 남을 판단하려는 사람들 때문에 참으로 답답하시지 않았을까요?

젊은 시절 저는 냉담했던 적이 있습니다. 하느님께 깊이 실망하고, 또 먹고 살아야 한다는 강박감에 쫓겨 신앙생활을 그저 부질없는 짓이라고 여겼지요. 그런데 1980년 12월 25일 새벽, 잠에서 깨어 누워 있던 저에게 느닷없이 주님께서 나타나셨습니다. 태어나서 처음으로 경험한 환시였지요. 눈앞에 아주 넓은 벌판이 펼쳐져 있는데, 거기에는 수많은 십자가가 서 있었고, 그 가운데 가장 큰 십자가에 어떤 사람이 매달려 있었습니다. 그분은 저에게 이렇게 말을 걸었습니다. "마태오야, 너는 나를 사랑하느냐?" 세 번이나 그렇게 물으셨지요. 그 후 너무나 따뜻하고 강렬한 빛으로 얼어붙은 제 마음을 녹여 주셨습니다. 그래서 저는 주님의 뜻과는 정반대로 가려던 제 인생을 180도 바꾸었지요. 신학교에 입학한 것입니다.

언젠가 성탄 전야 미사를 하다가 '아, 맞아. 내가 그때 내 인생에서 가장 큰 성탄 선물을 받았구나.' 하는 생각이 들더군요. 열등감, 불안감, 우울감에 시달리면서 하루하루를 소모하며 살던 저를, 춥디 추운 겨울 골목길에 이리저리 굴러다니는 휴지 조각 같다고 생각하던 저를, 주님은 그런 저를 건져서 인정해 주시고 받아들여 주셨지요. 그리고 지금까지 다듬고 또 다듬어서 쓸모 있는 그릇으로 만들려고 애쓰셨습니다.

돌아보니 저는 주님의 뜻에 어긋난 짓을 수없이 하였습니다. 그러나 그분은 그런 나를 계속 지켜봐 주셨고, 받아 주셨습니다. 그러한 그분의 크신 사랑과 헌신 덕분에 제가 이 자리까지 오게 된 것입니다.

묵상 시간

내 주위 사람들을 시기하거나 질투한 적은 없었나요? 다른 사람을 내 마음대로 하려고 한 적은 없었나요?

제2장

자신의 행복을 선택하세요

변화는
한번에 일어나지 않습니다
루카 5,27-32

　오랫동안 쉬다가 성당에 나오는 사람들은 이 복음 말씀에 나오는 레위처럼 모든 것을 버리고 이제는 새롭게 달라진 삶을 살고 싶다고 합니다. 그래서 기도도 하고 봉사도 하며 나름대로 노력을 합니다. 그런데 얼마 지나지 않아서 고민을 하게 됩니다. 아무리 노력을 해도 도무지 예전보다 더 나아지지 않은 것 같아서 다시 냉담을 하게 된다고 말이지요. 자신의 모습이 보기 싫고, 심지어는 억지 노력하는 자신이 위선자처럼 보인다는 사람들도 적지 않습니다.

　이런 일들은 왜 생기는 것일까요? 그것은 **사람의 마음 안에 변하고 싶은 마음과 변하고 싶어 하지 않는 마음이 공존하기 때문입니다**. 마치 비슷한 힘을 가진 씨름 선수가 힘을 겨루면 승부가 쉽게 나지 않는 것처럼 상반된 두 마음이 힘겨루기를 하고 있어서 좀처럼 달라질 기미를 보이지 않는다는 것입니다. 그래서 매일같이 제자리걸음만 하는 것 같은데, 이런 때 자신을 조급하게 재촉한다면 변하고 싶어 하는 마음을 약하게 만드는 결과를 낳기에 주의해야 합니다.

  그렇다면 이런 경우에는 어떻게 해야 할까요? 변화를 원치 않는 마음과 대화해야 합니다. **변화가 일어났을 때 나에게 생기는 이득이 무엇인지 말해 주어야 합니다.** 변하고 싶어 하지 않는 마음은 철부지 어린아이 같아서, 자기에게 이득이 될 때에 움직입니다. 그러나 한두 번의 대화 만으로는 그렇게 되지 않습니다. 이런 철부지 같은 마음은 끈기가 약해서 달라지겠다고 약속해 놓고도 쉽사리 무너지기 일쑤입니다. 따라서 인내심을 가지고 끈질기게 대화하고 설득하는 작업이 필요합니다.

  한 가지 더 조언을 드리자면, **자신이 크게 변화하리라고 너무 기대하지 말아야 한다는** 것입니다. 간혹 어떤 신심 모임에서 감동을 받은 나머지, 지금까지의 삶을 포기하고 모든 것을 주님께 내어 놓는 삶을 살겠다고 하는 분들이 있습니다. 그런데 얼마 지나지 않아서 불타오르던 마음이 시큰둥해졌다고 시무룩해하고, 심지어 죄책감을 느끼기도 합니다. 그러나 그럴 필요는 없습니다. 사람의 마음은 고무줄 같아서, 늘어났다가도 제자리로 돌아오는 습성이 있어서 불타오르는 듯한 마음이 그리 오래가지 못하고 다시 원상태로 돌아오기 때문입니다.

신앙생활은 마음공부와 같이 해야 합니다. 그렇지 않으면 신앙생활은 행복과 평온함을 얻는 생활이 아닌 자기 고문이 되고 말 것입니다. 이 복음에 나오는 레위도 주님이 잡혀 가셨을 때 주님을 버리고 도망쳐 숨었습니다. 주님을 따르는 일이 이처럼 쉽지만은 않은 것입니다. 그래도 늘 꾸준하게 마음공부를 하며 신앙생활을 하다보면 언젠가는 달라진 자기 자신을 찾을 수 있을 것입니다.

묵상 시간

나의 신앙생활은 어떠한가요? 쉽게 불붙고 곧 터지고 마는 폭죽과 같은 신앙인가요, 아니면 늘 은근하고 꾸준하게 그분을 향하는 촛불과 같은 신앙인가요? 그리고 꾸준히 신앙생활을 하기 위해 어떠한 노력을 하고 있나요? 주님께 가까이 가기 위해 어떠한 노력을 해야 하는지 묵상해 봅시다.

불편하게 느껴지는 것이
나 자신의 모습입니다

루카 6,12-16

    주님은 열두 사도를 뽑으셨습니다. 신학적인 관점에서 보자면, 열두 사도는 이스라엘 열두 지파를 상징합니다. 흩어진 열두 지파가 다 모였을 때 이스라엘 왕국이 완성된다는 의미입니다. 이러한 신학적인 관점과 심리학적인 관점에는 유사성이 있습니다. 심리학적으로도 사람 마음 안의 여러 가지 요소가 통합을 이룰 때 그 사람은 성숙함의 경지에 이른다고 봅니다.

    주님은 각자 개성이 강한, 즉 개별적인 콤플렉스가 강한 열두 사람을 뽑으셨습니다. 도무지 하나가 되기 어려운 그런 성격을 지닌 사람들을 선발하신 것입니다. 이는 **심리적인 통합을 위한 것입니다.**

    콤플렉스가 강한 사람은 마치 모난 돌과도 같습니다. 그래서 서로가 서로를 싫어하고 멀리하려고 합니다. 이렇게 각자 개성이 다른 열두 가지 인생이 하나가 되려면 어떻게 해야 할까요? 모난 돌이 다른 모난 돌과 부딪치고 또 부딪치면서 원만하고 부드러워지는 것처럼, 피하지 말고 계속 만나야 합니다. 언제가 될지는 몰라도 다른 사람이 가진 콤플렉스를 볼 만하고 견딜 만해질 때까지 그렇게 해야 합니다. 서로 짜증을 내다가도 안 보이면 보고픈 마음이 들 때까지 그렇게 해야 하는 것이지요. 이렇게 서로가 밉다고 해서 떠나지 않고 견디고 또 견디다 보면 다른 사람에게 있는 문제가 바로 나 자신의 문제임을 알게 되고, 내가 미워하고 싫어한 것이 나를 투사[3]한 것임을 깨닫게 됩니다.

이렇게 나의 문제라는 것을 깨닫게 되면 심리적인 통합 현상이 나타납니다. 비로소 내 마음에 하느님 나라가 이루어지게 되는 것입니다. 주님께서 각자 개성이 강한 열두 제자를 선발하시고 절대로 그 제자들을 내치지 않으신 이유가 바로 여기 있습니다.

오래전에 저는 언제 어디를 가도 외롭고, 불만스러웠지요. 우울증인가 하는 생각도 들어서 여러 가지 심리 치료 기법도 사용했습니다. 처음에는 효과가 있었지만 곧 알지 못할 우울감이 또다시 올

---

3 투사: 자신의 성격, 감정, 행동 따위를 스스로 납득할 수 없거나 만족할 수 없는 욕구를 가지고 있을 경우에 그것을 다른 것의 탓으로 돌림으로써 자신은 그렇지 아니하다고 생각하는 일. 또는 그런 방어 기제. 자신을 정당화하는 무의식적인 마음의 작용을 이른다.

라왔습니다.

  어느 날 같은 증세를 지닌 사람을 만났습니다. 그와 굉장히 불편하더군요. 한순간도 같이 있고 싶지 않을 정도로 말입니다. 그래서 그가 왜 불편한지 그의 행동을 곰곰이 살펴보았습니다. 그러다 보니 그에게 **자기애성 성격 장애**[4] 증세가 있다는 것을 깨달았습니다. 소위 왕자병이라고 불리는 것이지요. 이 병에 걸리면 '세상 일이 왜 내 마음대로 안 되는 거야.', '왜 나를 반겨 주지 않는 거야.' 하는 마음이 들어서 쉽게 우울해지지요. 그래서 이 증세를 일컬어 '내 안의 문제아'라고 합니다. 이 문제아는 늘 대접받기에 익숙한 사람들에게서 많이 발견되지요.

  그에게 이러한 자기애성 성격 장애 증세가 있다는 것을 깨닫자 그를 불편하다고 느낀 저에게도 똑같은 증세가 있다는 것을 깨달을 수 있었습니다. 그렇지 않았다면 그렇게까지 거슬리지 않았을 테니까요. 그래서 감사하는 훈련을 시작했습니다. 이러한 내 안의 문제아가 자라지 못하게 하는 방법은 감사하는 훈련을 하는 것이기 때문입니다. 저는 제 자신의 상태를 알게 해 준 사람에게 가장 먼저 감사를 드렸습니다. 그리고 그런 사람을 만나게 해 주신 주님께 감

---

4 자기애성 성격 장애: 지나치게 낮은 자존감을 보상받기 위해 자신이 우월해야만 한다는 집착을 가지는 것으로 어린 시절 부모에게 무시 또는 학대당했거나 부모가 지나치게 오냐오냐 키운 경우에 나타나는 증상이다.

사하는 기도를 드렸습니다. 물론 속 쓰린 심정으로 말입니다.

남과 부딪히는 것을 겁내거나 무조건 부정적으로만 생각하지 마세요. 우리는 서로 깨지면서 하느님 나라를 향해 함께 나아가는 처지이니까요. 그렇게 가다 보면 강물에 밀려 내려가는 모난 돌들이 하류에서 둥글고 예쁜 돌들이 되듯이 우리 또한 그렇게 되리라 생각합니다.

묵상 시간

내가 싫어하는 사람은 어떤 사람들인가요? 내가 그 사람들을 싫어하는 이유를 써 보고 그 사람들과 나의 닮은 점은 없는지, 있다면 어떤 점이 닮았는지 살펴보세요.

건강한 소리를
구분하는 방법

루카 6,17-19

복음에 따르면 예수님께서 열두 제자와 함께 산에서 내려와 평지에 서시니, 그분의 제자들이 많은 군중을 이루고, 온 유다와 예루살렘, 그리고 티로와 시돈의 해안 지방에서 온 백성이 큰 무리를 이루고 있었다고 합니다. 이처럼 많은 백성이 주님께 다가왔습니다. 주님의 말씀도 듣고 질병도 고치려고 주님을 찾은 것입니다.

주님의 말씀이 치유와 무슨 상관이 있을까요? 사람은 수많은 말을 들으면서 성장합니다. 특히 어린 시절에 들었던 이야기는 사람의 마음속 깊숙한 곳에 자리해서 핵심 신념이 되어 버립니다. 문제는 사람의 마음 안에 머문 이러한 소리가 건강한 것인지 아니면 건강하지 못한 것인지 여부입니다.

그럼 어떤 것이 건강하고, 어떤 것이 건강하지 못한 걸까요? 이에 대한 답은 간단합니다. **자신을 돌보라는 소리는 건강한 것입니다.** 반면, 어떤 이유에서든지 간에 **자신을 미워하라는 소리는 건강하지 못한 것입니다.** 세상의 어떤 부모라도 자식에게 스스로를 미워하고 자학하라고 할 부모는 없습니다. 오히려 자식이 자책하면 위로해 주고 손을 내밀어 일으켜 주고픈 것이 부모의 마음입니다. 이런 부모의 마음과 아버지이신 하느님의 마음이 다를 리 없습니다.

그런데 마음 안에 깊이 자리한 건강하지 못한 신념이 마치 하느님이 주시는 소리인 양 행세할 때에 잘못된 행동을 할 위험이 생깁니다. 이런 문제를 가진 사람들은 몸과 마음이 병든 인생을 살게 됩니다. 더러운 영들에게 시달린다는 사람들은 이런 피해 사례 가운데 하나입니다. 사람이 자신을 미워하고 싫어하면 마음에 분열이 일어나고 자아가 깨집니다. 깨진 자아마다 부정적인 에너지를 내뿜게 되지요. 이 때문에 마음에 치열한 다툼이 벌어져 어디로 가야 할지, 무엇을 해야 할지 모르는 분열적인 삶이 시작됩니다. 이렇게 되면 하루 종일 자신을 학대하며 시간을 보내는 괴로운 인생을 살게 되는 것입니다.

그렇기 때문에 우리는 진정으로 우리 자신을 위한 건강한 소리를 듣고 또 들으면서 내 마음 안에 건강한 씨앗을 뿌려야 합니다. 우리 마음 안에 뿌리내린 건강하지 못한 신념을 잡초 뽑아내듯이 **뽑아내야 합니다.**

묵상 시간

내 마음 안에서 나를 괴롭히고 힘들게 하는 소리는 어떤 것인지 적어 보고 그 소리가 언제부터 내 안에서 살기 시작했는지 살펴보시기 바랍니다.

왜 남을
단죄하고 싶을까요?

루카 6,37-42

　　복음 말씀에서 주님은 "남을 심판하지 마라. 그러면 너희도 심판받지 않을 것이다. 남을 단죄하지 마라. 그러면 너희도 단죄받지 않을 것이다. 용서하여라. 그러면 너희도 용서받을 것이다."라고 하십니다. 그러나 살다 보면 어떤 사람을 단죄를 하는 경우가 있습니다. 주로 자기 마음에 안 드는 사람에게 그렇게 하지요.

　　이렇게 단죄를 하는 이유는 상대방의 잘못을 지적하기 위한 것입니다. 그러나 이는 겉으로 드러난 이유일 뿐입니다. 진정한 이유는 다릅니다. 마음 속부터 상대방을 미워하기 때문에 단죄하는 것입니다. 자신에게 잘 대해 주는 사람은 용서하고 싶은 마음이 드는데 평소에 자신에게 잘 대해 주지 않는 사람은 단죄하고 싶은 마음이 드니까 말입니다.

남을 단죄하고 싶은 이유를 좀 더 근본적으로 파악해 보면 다음과 같이 나누어 볼 수 있습니다.

첫 번째 이유는 양심 성찰이라는 명목으로 자기 성찰이 아닌 **자신을 단죄하고자 할 때**, 다른 사람도 심하게 단죄하고 싶은 마음이 올라옵니다. 자신이 지은 죄에 대하여 스스로 지나치게 엄격하게 단죄하는 내적인 습관이 외부에까지 연장되어서 남도 단죄하고 싶은 충동이 생기는 것입니다.

두 번째 이유는 **인간이 과정적인 존재, 늘 성장해 가는 존재, 그러나 죽을 때까지 완성되지 못하는 존재라는 것을 부인할 때** 단죄하고 싶은 마음이 올라옵니다.

세 번째 이유는 **다른 사람을 밟고 자신을 들어 올리고 싶을 때** 단죄합니다. 업무나 운동을 가르쳐 준다는 명목으로 특히 초보자에게 잔소리하거나 면박을 주는 사람들이 있습니다. 가르쳐 주는 것이라고 하지만, 실상은 상대방을 깔아뭉개고 싶은 욕구 때문에 그렇게 하는 것입니다. 이런 행위는 심리적으로 문제가 있는 행동이고, 변태적인 행위라고 할 수 있습니다.

이렇게 다른 사람들을 단죄하는 사람 주위에는 사람들이 붙어 있지 않습니다. 그 사람의 입에서 나오는 말이 칼과 같기 때문입니다. 그러니 자신에게 남을 단죄할 일이 생긴다면 내 마음 안에 무엇이 또아리를 틀고 있는지 스스로를 차근히 돌아보셔야 합니다. 그리고 평소에 자기 자신을 이해하고 다른 사람들도 이해하려는 훈련을 하는 것이 아주 중요합니다. 이렇게 치열하게 노력하다 보면 남을 단죄하고 싶은 마음을 절제할 수 있게 될 것입니다.

묵상 시간

내가 단죄한 사람들을 떠올려 봅시다. 그들은 어떤 유형의 사람들인지 그리고 내가 그들을 단죄한 이유는 무엇인지 헤아려 봅시다.

홀로 머무는 시간이 필요합니다

루카 6,46-49

    복음에서 주님은 그분의 말씀을 듣고 그것을 실행하는 사람은 "땅을 깊이 파서 반석 위에 기초를 놓고 집을 짓는 사람과 같다."라고 하십니다. 이 말씀을 영성 심리학적으로 보면 반석 위의 집같이 마음을 튼튼하게 할 수 있는 방법을 설명하신 것이라고 이해할 수 있습니다.

    사람들은 외로울 때 마음이 약해지기 쉽습니다. 외로움의 포로가 되면 마음의 평온은 깨지고, 나라는 존재가 아무 의미 없는 듯이 느껴집니다. 게다가 외로움은 시간이 지난다고 해서 해결되는 문제가 아닙니다. 오히려 시간이 갈수록 두렵고 피하고만 싶어집니다. 그래서 누구나 외로움에 치여서 홀로 사는 것을 두려워하고 어떻게 해서라도 자신의 외로움을 덜어 낼 방법을 찾는 것입니다. 보통은 자신의 외로움을 달래 줄 다른 사람을 찾습니다. 외로움이 혼자 있기 때문에 생긴다고 착각하여 누구라도 옆에 두고 싶은 것입니다. 그런데 그런 식으로 외로움을 덜려고 하는 것은 임시 방편에 지나지 않습니다.

사람은 누구나 외로움을 느끼며 살아갑니다. 설령 부부라 할지라도 말입니다. 외로움은 자신을 온전히 이해받고 싶을 때 생기는 감정입니다. 그래서 누군가가 옆에 있어도 외로움이 찾아오지요. 이 감정을 풀기 위해서는 자신 안의 외로움을 들여다봐야 합니다. 그렇게 해야 자신이 무엇 때문에 외로운지 알 수 있게 됩니다. 두렵다고 자신의 외로운 감정을 들여다보지 않으면 마음의 기반이 약해져서 작은 일에도 쉽사리 무너져 버립니다.

복음 말씀이 중요한 까닭이 여기에 있습니다. 복음 말씀처럼 주님의 말씀을 듣고 그것을 실행하려면 우선 하느님 앞에 홀로 머무는 시간을 많이 가져야 합니다. 홀로 머물며 그 말씀에 귀 기울이는 시간이 반드시 필요한 것이지요. 그런데 이 시간은 하느님의 말씀을 들어 보는 시간이기만 한 것이 아니라 자신의 내면을 들여다보는 시간이기도 합니다. 외로움을 견디는 시간이란 것입니다.

외로움이 사무칠 때, 오히려 홀로 되어 자신의 내면을 들여다보는 이러한 시간을 보내다 보면 굳어져 버린 자신의 편견이 깨져 나가고, 평소에는 생각지도 못했을 창조적인 생각을 할 수 있게 됩니다. 그리고 그렇게 홀로 머무는 시간 속에서, 나와 함께하고 있는 사람들에 대한 소중함을 느끼게 됩니다. 그래서 초기 교회에서는 사막에서 고독을 체험하고자 하는 사람들이 많이 있었습니다. 그리고 외부와 차단된 봉쇄 수도원 안에 사는 수도자 가운데 학자가 많이 나오고, 성인도 많이 나오는 까닭도 바로 외로움의 영성이 만들어 낸 결실이 아닐까요?

그렇다고 무리는 하지 마십시오. 처음에는 홀로 있는 시간을 짧게 가지는 것부터 시작하는 것이 좋습니다. 이러한 시간에 익숙해지다 보면 차근차근 자연스럽게 시간이 늘어날 테니까요.

묵상 시간

외로운 감정이 들 때 나는 이를 어떻게 이겨 냈나요? 그 방법이 얼마나 효과적이었는지 한번 생각해 보세요.

건강한
죄책감이란?

루카 7,1-10

　백인대장은 주님께 자신의 노예를 살려 달라고 도움을 청합니다. 이 복음을 얼핏 보면 백인대장이 자신을 비하하고 낮추고 있는 듯이 보입니다. 하지만 그의 말을 전체적으로 살펴보면 그가 얼마나 건강한 마음을 지닌 사람인지 알 수 있습니다.

　그는 "저는 주님을 제 지붕 아래로 모실 자격이 없습니다. 그래서 제가 주님을 찾아뵙기에도 합당하지 않다고 여겼습니다."라며 자신의 처지를 겸손하게 고백합니다. 만약 이 고백이 여기서 그쳤다면 그가 병적인 죄책감이 심한 사람이라고 의심해 볼 수도 있을 것입니다. 하지만 백인대장의 뒤이은 말을 보면 그가 얼마나 많은 내적 성찰을 하고 사는 사람이며, 마음이 건강한 사람인지를 알 수 있습니다. 그는 주님께 자신과 주님의 관계를 명확하게 고백합니다. 이는 그분께 자신의 모든 것을 소유한 주님이시라고 간접적으로 고백하는 말인 것입니다. 즉, 그가 겸손하게 말을 한 것은 병적인 죄책감 때문이 아니라 건강한 죄책감에서 비롯된 고백인 것입니다.

사람의 마음이 얼마나 건강한지 아는 방법 가운데에 그 사람의 죄책감을 살펴보는 방법이 있습니다. 죄책감은 개인적·사회적 규범에 어긋나는 행동을 했을 때 마음이 불편하고 스스로 자신을 책망하는 현상으로 나타납니다. 이것은 우리 마음 안에서 도덕적인 나침반이 지속적으로 작동하도록 도움을 줍니다. 또한 자기 절제를 하고, 다른 사람을 배려하면서 살아갈 수 있도록 돕습니다. 불편하고 고통스러운 죄책감을 느끼지 않기 위해서 남에게 피해를 주지 않으려고 노력하게 되는 것입니다.

양심이 있는 사람, 마음이 건강한 사람에게 죄책감은 평생 따라다닙니다. 그런데 다른 감정과 마찬가지로 죄책감이 지나치게 되면 우리가 한 행동을 잘못 해석하기 쉽고, 지각 체계가 지나치게 예민하게 되어 과도한 죄의식에 시달릴 수 있습니다. 그리고 자기 비난, 자기 체벌과 같은 증상이 나타나 스스로 자기 마음을 지옥으로 만들고, 자신을 가두는 결과가 발생하기도 합니다. 즉, **지나친 죄책감은 겸손이 아니라 자기 학대라는 신경증적 행위를 유발**한다는 것입니다. 이렇게 심한 죄책감을 갖는 사람은 동시에 무기력증에 걸려서 마치 거미줄에 걸린 나비처럼 허우적거리면서 날지도 못하고, 어쩌지도 못하는 인생을 살게 됩니다.

  그러나 백인대장은 건강한 죄책감에 근거한 참된 겸손함을 가지고 있었습니다. 이러한 백인대장의 신앙 고백을 보면서 우리는 심한 죄책감에 빠지지 않기 위해서는 건강한 양심 성찰을 하는 훈련이 필요하다는 것을 다시 한번 알 수 있습니다.

묵상 시간

잘못을 저질렀을 때 내 마음에 떠오르는 죄책감은 어떤 종류의 죄책감인가요? 나는 죄책감을 느낄 때에도 주님을 바라볼 수 있는 사람인지, 아니면 숨으려고 하는 사람인지 나의 마음을 살펴봅시다.

모든 일에 감사하는 사람이 성인입니다

루카 7,36-50

　성인이란 어떤 사람일까요? 많은 사람들이 성인은 죄를 짓지 않고 사는 사람, 늘 기도하는 가운데 하느님을 만나는 사람, 보통 사람과는 다른 사람이라고 생각합니다. 하지만 그렇지 않습니다. 이 복음 구절에 나오는 죄지은 여인은 성인의 다른 면을 보여 줍니다.

　복음에서 예수님은 베드로에게 다음과 같이 물어 봅니다. "어떤 채권자에게 채무자가 둘 있었다. 한 사람은 오백 데나리온을 빚지고 다른 사람은 오십 데나리온을 빚졌다. 둘 다 갚을 길이 없으므로 채권자는 그들에게 빚을 탕감해 주었다. 그러면 그들 가운데 누가 그 채권자를 더 사랑하겠느냐?" 하고 말입니다. 이에 베드로는 "더 많이 탕감받은 사람이라고 생각합니다." 하고 대답했습니다. 그리고 예수님은 이 대답에 "옳게 판단하였다." 하고 말씀하셨습니다.

이러한 예수님의 말씀을 살펴보면 진정한 성인이란 어떤 사람인지 에둘러 알 수 있습니다.

세상 사람 누구나 주님 앞에서 의인이라고 할 만한 사람이 없습니다. 우리는 약하고 미성숙하며, 이성적이기보다는 본능적인 감정에 쉽게 휩쓸리는 존재입니다. 그래서 많은 잘못을 짓고 삽니다. 누구나 주님께 빚을 지고 있는 것입니다.

우리가 성숙한 사람, 거룩한 성인이라고 하는 사람은 자신이 그런 모습을 지니고 있음을 직시하는 사람들입니다. 그래서 그들은 **다른 사람의 허물보다 자신의 허물을 잘 들여다봅니다.** 그렇기에 주님께 빚을 탕감받았음을 감사해할 줄 압니다. 곧 성인은 죄를 적게 지었기 때문에 성인이 되는 것이 아니라 주님께 빚을 탕감받았음을 깨닫고 이를 감사해할 줄 알기에 성인이 되는 것입니다. 이런 까닭에 성인은 억지 겸손이 아닌 진정한 겸손을 지니고 있으며, 다른 사람들을 판단하기보다는 자신의 문제를 고치고 다듬는 데 최선을 다합니다. 이러한 관점에서 볼 때 복음에 나오는 죄지은 여인은 자신의 처지가 어떠한지를 잘 들여다본 성인이라고 평가할 수 있습니다.

이에 반해 "적게 용서받은 사람"들이 있습니다. 그들은 '나에게는 아무런 잘못이 없다.', '나는 이만하면 괜찮은 사람이다.', '나는 다른 사람들을 가르칠 자격이 있다.'라는 무의식적인 자만심을 가지고 있습니다. 이들은 스스로를 의인이라고 생각하기에, 자화자찬을 늘

어놓으며 남들보다 자신이 우월한 존재라고 생각하고 삽니다. 죄지은 여인이 주님의 발에 향유를 발라 드릴 때, 예수님을 자신의 집에 초대한 바리사이는 '저 사람이 예언자라면, 자기에게 손을 대는 여자가 누구이며 어떤 사람인지, 곧 죄인인 줄 알 터인데.' 하는 불편한 심정을 가졌다고 복음에 기록되어 있습니다. 그리고 그런 생각을 읽으신 주님은 너는 나의 발을 닦아주기는커녕 나를 대접하지도 않았다며 바리사이들이 가진 우월 콤플렉스[5], 자신들이 주님과 동급이라는 그들의 착각을 정면으로 지적하십니다.

성인은 주님뿐만 아니라 모두에게 항상 감사하는 사람입니다. 자신이 죄를 많이 짓고 살고 있음에도 불구하고 하느님과 사람들이 자신을 많이 용서해 주고 있음을 알기에 감사한 마음을 잊지 않는 사람이지요.

자신이 용서를 많이 받으면서 살고 있음을 아는 사람은 마음에 항상 고마움과 감사함을 지니고 있습니다. 그러나 자신이 적게 용서받고 산다고 생각하는 사람들은 마음이 늘 불만과 분노로 차 있어서 인생살이가 편치 않습니다. 교회에서 자기 성찰을 하라고 하

---

5 우월 콤플렉스: 심한 열등감에 시달리면서도 노력이나 성장처럼 건전한 수단으로 이를 극복할 용기도 없고, 또 못난 바를 받아들일 수도 없어서 스스로가 우월한 것처럼 행동하는 '거짓 우월성'에 빠지게 되는 콤플렉스이다. 자화자찬을 늘어놓거나 옷이나 장신구 등에서 브랜드 제품을 과시하는 것도 우월 콤플렉스의 일종이다.

는 것은 바로 이런 이유 때문입니다.

묵상 시간

지금까지 살아오면서 하느님과 다른 사람들에게 얼마나 많은 용서를 받아 왔는지 되돌아봅시다. 그리고 나에게 잘못한 사람들을 나는 얼마나 용서해 주었는지도 생각해 봅시다.

시중드는 여인들의
높은 자존감

루카 8,1-3

　루카 복음사가는 주님의 시중을 드는 여인들을 복음서에 남겼습니다. 그러나 예수님이 살았던 시대는 여성의 인권이 보장되던 시대가 아니었습니다. 여성은 고등 교육을 받을 수 없었으며, 능력을 인정받지 못했고, 철저히 아버지나 남편의 지배를 받고 있었지요. 그러므로 이렇게 기록에 남기려면 큰 의도가 있어야 할 것입니다.

　그런데 루카 복음사가는 이상하게도 이 여인들이 무슨 말을 하였는지, 그들이 무엇을 남긴 것인지에 대한 언급은 하나도 없이 그저 여인들이 주님의 일행을 시중들었다는 기록만 남겨 놓았습니다. 이방인들에게 주님을 알리는 메시지가 기록된 루카 복음서에 말씀도, 메시지도 없는 이러한 일상적인 내용이 들어간 이유는 무엇일까요? 그것은 배우지 못하고 능력이 부족한 사람도 주님의 제자로 받아들여질 수 있다는 것을 알려 주기 위한 것이 아닐까요?

이 여인들에 대하여 주님은 어떤 말씀도 없으셨습니다. 그러나 시중을 드는 여인들이 주님 보시기에 얼마나 든든하고 고마운 사람들이었는지 루카 복음사가는 알고 있었던 것 같습니다. 그래서 그는 주님의 마음을 헤아려서 여인들의 일상적인 행적을 복음서에 올려놓았습니다.

나는 말주변이 없고 능력도 모자라서 주님 앞으로 어떻게 나아가야 할지 모르겠다고 하는 사람들이 많습니다. 그래서 늘 성당에서도 뒷자리에 머무르지요. 그런데 그런 사람들 가운데에는 말없이 봉사하는 사람들이 많습니다. 저는 이런 분들을 볼 때마다 고마운 마음이 일어나고, 무엇인가를 주고 싶은 마음이 듭니다. 사람의 마음이 이러할진대 주님의 마음은 어떠하겠습니까?

시중을 드는 일이 얼마나 중요한지 신학교에서는 시종직이라는 직분이 있기도 합니다. 이는 부제가 되기 전에 받는 직분입니다. 우리 사회에서 겸손한 태도로 말없이 봉사하는 사람들은 모두 시종 직분을 받은 사람들입니다. 그런 사람들에게 주님이 주시는 눈길이 얼마나 따뜻한지요.

그러나 이렇게 **다른 사람들을 돌보는 사람들은 우선 자신의 마음이 건강해야** 합니다. 봉사를 하면서 다른 사람들의 반응을 살피는 데에만 신경 쓰고, 너무 무리하게 봉사하다 보면 쉽게 지칠 뿐만 아니라 기쁜 마음보다는 자신을 알아 주지 않는다는 섭섭한 마음이 들 것입니다. '이렇게까지 하는데 왜 나에게 신경을 써 주지 않는 것일까?' 하는 마음이 들기 때문입니다. 하지만 누군가를 돕거나 누군가의 시중을 든다는 것은 내가 좋아서 해야 하는 일이며, 내가 선택한 일이어야 합니다.

주님을 따르는 여인들은 비록 그 당시 사회에서 소외된 부류였지만, 자신들이 선택한 일에 대한 자존감이 높았던 사람들이었습니다. 주님께서 이들을 총애하신 것, 그래서 루카 복음사가가 이렇게 복음에까지 이들의 이름을 실은 것은 이 여인들의 마음이 이처럼 건강했기 때문이지 않을까요?

묵상 시간

나는 어떤 봉사를 하고 있나요? 대가를 바라지 않고 기꺼이 나의 것을 내놓는 마음으로 하고 있나요, 아니면 어딘가 불편한 심정으로 하고 있나요?

무엇이든 적극적으로
원하면 이루어집니다

루카 8,40-56

 복음의 이 장면에서는 군중이 주님을 밀쳐 댈 정도로 많았습니다. 주님에게 손을 댄 사람이 많았다는 것이지요. 그런데 그 많은 사람 가운데 왜 하혈하는 여인에게만 기적이 일어난 것일까요?
 《시크릿》이란 책에 따르면 우주에는 '끌어당김의 법칙'이 존재한다고 합니다. 이 법칙은 우리가 무엇이든 적극적으로 집중하면, 그것이 정말 이루어진다는 것이지요. 《시크릿》을 쓴 론다 번은 원하든 원하지 않든 그것이 긍정적이든 부정적이든 우리가 자주 그것을 의식하고 관심만 가져도 그런 일이 일어난다고 했습니다. 이 말은 행복하기를 바라면 행복해질 수 있는 길이 보인다는 것입니다.
 하혈하는 여인은 자신의 병이 낫기를 간절하게 원했습니다. 그렇게 하여 행복해지기를 바란 것입니다. 그 여인이 주님에게 가까이 다가가 주님을 만진 것은 그러한 간절한 바람 때문에 그렇게 한 것입니다. 그리고 그러한 바람이 주님에게서 기적의 힘을 이끌어 냈습니다. 다른 사람들의 경우에는 주님께 간청해서 기적이 일어났습니다. 즉, 주님께서 기적을 일으키는 주체적인 역할을 하셨던 것이지요. 반면 이 여인의 경우에는 **여인이 주체적인 역할**을 했습니다. 우리가 이러한 일을 겪는다면 우리의 의지와 달리 일어난 일에 화를 낼 만도 합니다. 그러나 주님은 기적의 힘을 이끌어 낸 그 여인에게 어떠한 잘못도 묻지 않으십니다. 오히려 "딸아, 네 믿음이 너를 구원하였다. 평안히 가거라."라고 하시며, 그 여인의 믿음을 칭찬하셨습니다.

이는 사람의 자유 의지가 얼마나 중요한지, 사람의 간절한 염원이 얼마나 큰 힘을 지니는지를 여실히 보여 주는 대목입니다. 인생은 하느님께서 우리에게 주신 선물, 행복하게 살라고 주신 시간입니다. 만약 지금의 내 삶이 불행하다고 여겨진다면, 마음을 견고하게 먹으시고 주님께 행복을 달라고 간절하게 기도하십시오. 그 염원을 이룰 수 있도록 이끌어 주시는 분은 오로지 주님이심을 믿고 간절하게 기도하십시오. 주님은 당신의 믿음을 칭찬해 주시고 복을 주실 것입니다.

묵상 시간

기도를 해서 얻은 은총에는 어떤 것이 있었는지 은총 목록을 만들어 봅시다.

잘 풀지
않으면
루카 9,7-9

헤로데 임금은 동생의 아내인 헤로디아와 결혼했습니다. 그리고 세례자 요한은 이것이 잘못된 일이라고 직언하였지요. 그래서 헤로디아는 세례자 요한에게 앙심을 품고 있었습니다. 어느 날 헤로데 임금의 생일 잔치에 헤로디아의 딸 살로메가 멋진 춤을 추었습니다. 그래서 헤로데 임금은 그녀에게 "무엇이든 원하는 것을 나에게 청하여라."라고 말합니다. 그러자 앙심을 품고 있었던 헤로디아는 자신의 딸에게 "세례자 요한의 머리를 요구하여라." 하고 일렀지요. 헤로데 임금은 세례자 요한이 의롭고 거룩한 사람으로 알고 있었기 때문에 몹시 괴로워했지만, 손님들 앞이라 그의 청을 물리치고 싶지 않았습니다. 그래서 세례자 요한을 죽였습니다.

그가 세례자 요한을 죽인 것은 콤플렉스 때문입니다. 헤로데 임금은 아버지 콤플렉스가 있었던 인물입니다. 아버지만큼 뛰어난 군주가 되어야 한다는 열등감을 가지고 있었던 것이지요. 그래서 그는 남의 말에 휘둘리고, 다른 사람의 시선을 의식했습니다. 세례자 요한을 죽였다는 죄의식보다 다른 사람의 시선과 평가를 더 두려워했습니다. 그래서 세례자 요한을 죽이고 싶어 한 헤로디아는 자신의 딸에게 춤을 추게 하고, 다른 사람의 시선을 의식하는 헤로데 임금의 콤플렉스를 이용하여 세례자 요한을 죽일 수 있었습니다.

콤플렉스란 무엇일까요? 만약 우리가 격렬한 감정을 느끼고 있다면 그 감정이 어떤 것이든 간에 상관없이 우리 안에 있던 콤플렉스가 작동하였다는 것입니다. 콤플렉스가 작동할 때 우리는 진정한 자신의 감정을 모르게 됩니다. 콤플렉스가 시키는 대로 말하고 행동하기 때문이지요. 그 결과 나중에 내가 그때 왜 그런 말과 행동을 했을까 하고 스스로에게 놀라고 당황해합니다. 마치 헤로데 영주처럼 말이지요.

콤플렉스는 우리의 에너지를 낭비할 뿐만 아니라 우리 마음에 커다란 공백을 만듭니다. 그리고 그 공백은 신랄함, 분노, 짜증과 같은 불편한 감정으로 채워집니다. 그래서 우리는 우리 마음에서 콤플렉스를 없애고 싶어 하는데, 문제는 콤플렉스가 인격의 일부라서 없어지지 않는다는 점입니다. 그리고 콤플렉스를 억압하게 되면 무의식 안으로 깊이 들어가서 사람의 마음을 더 힘들게 합니다.

그렇다면 어떻게 해야 할까요? 우리는 이럴 때 콤플렉스의 유용성을 살펴볼 필요가 있습니다. **콤플렉스는 내 마음의 핵심을 파악할 수 있도록 내 마음으로 들어가는 입구를 보여 줍니다.** 콤플렉스에는 내 과거가 담겨져 있기 때문에 그것을 살펴보면 내 안으로 들어갈 수 있는 길이 보이는 것이지요. 그리고 그 길을 보고 다듬으면 내적으로 성장할 수 있게 됩니다. 또한 **콤플렉스는 사람의 인생을 생기 있게 만들어 주기도 합니다.** 즉, 사람을 사람답게 살게 한다는 것입니다. 만약 우리에게 아무런 콤플렉스가 없다면 인생살이는 말 그대로 심심한 상태가 되어 버리고 말 것입니다.

요약하자면, 내가 콤플렉스의 주인이 되어야지 콤플렉스가 내 마음을 휘어잡는 주인이 되도록 두어서는 안 된다는 것입니다. 헤로데 임금은 콤플렉스의 노예가 되는 바람에 자기 인생을 망친 대표적인 경우입니다.

묵상 시간

나에게 어떠한 콤플렉스가 있는지 적어 보세요. 그러한 콤플렉스가 내 인생에 미친 영향에는 어떤 것이 있었는지 생각해 봅시다.

자신을 믿어 주는 사람에게는
모든 것을 맡길 수 있습니다

루카 9,18-21

"너희는 나를 누구라고 생각하느냐?"라는 주님의 질문은 우리 인생에서 아주 중요한 의미가 있습니다. 이 질문은 우리 자신에게 여러 번 던져 봐야 하는 질문입니다. 복음에서 베드로는 이 질문에 주님을 일컬어 "하느님의 그리스도이십니다."라고 고백합니다.

일반적으로 우리는 살면서 자신을 이끌어 줄 사람을 찾습니다. 그러한 사람을 자신의 멘토나 선생님으로 삼고 그 사람의 말을 신뢰하지요. 그러나 그 사람이 내 인생을 책임져 줄 거라고 믿지는 않습니다. 베드로는 예수님을 단순히 스승이라고 하지 않았습니다. 하느님의 그리스도라고 대답했지요. 이는 그분이 자신의 사후까지도 책임지고 돌보아 주시는 분이심을 드러낸 말이라고 볼 수 있습니다. 베드로의 이러한 고백은 그가 얼마나 주님을 믿고 따랐는지를 나타내 주는 말입니다.

　믿는다는 것은 중요한 것입니다. 그것은 단순한 지식의 차원을 넘어서서 그를 받아들이는 것입니다. 그렇기에 누군가를 믿는다고 말할 때 얼마나 믿는지를 깊이 들여다볼 필요가 있습니다. 믿는다고 말하면서 얼마나 믿는지를 생각해 보지 않는다면 그 믿음은 헛된 구호에 불과할 수 있기 때문입니다. 베드로도 주님을 따르면서 이를 깊이 들여다보고 주님이 자신에게 어떠한 의미가 있는 분이신지 계속 답을 구했을 것입니다.

　이 고백은 주님의 입장에서도 아주 중요한 의미가 있습니다. 주님은 그분의 구원 사업을 위해 자신을 가장 믿고 따르는 베드로를 교회의 수장으로 삼으셨습니다. 우리는 자신을 믿어 주는 사람에게 자신의 모든 것을 맡길 수 있습니다. 이것은 주님도 마찬가지이셨습니다. 베드로가 주님께 한없는 믿음을 가졌기에 주님도 베드로에게 당신이 하고자 하는 가장 큰일을 맡기실 수 있었던 것입니다.

　이처럼 **믿음은 일방적인 것이 아니라 주님에게 은총을 얻을 수 있는 가장 중요한 요소임**을 잊지 마시길 바랍니다. 오늘은 자신이 주님을 어떤 분으로 생각하는지, 주님을 어떤 이름으로 부르는지 자문자답하는 시간을 가져 보시기 바랍니다. 그리고 베드로처럼 주님을 믿고 따르려면, 주님께 좀 더 가까이 가려면 어떻게 해야 할지 생각해 보시기 바랍니다. 이러한 시간을 가질 때 주님을 우리 마음속에 온전히 받아들일 수 있게 될 것입니다.

묵상 시간

내게 주님은 어떤 분이신가요? 나는 주님을 언제 부르나요? 그리고 주님께서 나를 필요로 하실 때 나는 어떻게 응답하고 있나요?

물은 99도에서
끓지 않습니다

루카 9,22

　물은 99도에서 100도로 넘어가야만 끓는다고 합니다. 1도만 낮아도 끓지 않는다는 것이지요. 그래서 이 온도를 티핑 포인트, 즉 끓는 온도라고 합니다.

　사람도 물과 비슷합니다. 심리학자들이 학습량, 학습 시간, 반응 시간, 정밀도를 측정해서 학습 곡선을 만들었는데, 배우고 익힐 때 중간중간 정체나 퇴보하는 시간, 즉 불을 올려도 물이 끓지 않는 것과 같은 시간이 있음을 알았습니다. 그리고 그러한 시간을 인내해야 다시 상승 곡선을 만든다는 것도 알아내었지요. **발전하지 않는 것 같아도 오랜 시간 노력하면 어느 순간 비약적인 발전을 하는 것이 인생의 법칙입니다.** 그런데 대개 실패하는 사람들은 티핑 포인트의 순간을 기다리지 못하고 머릿속에 떠오르는 수많은 부정적인 생각 때문에 그만 주저앉고, 더 이상 노력하기를 포기하고 맙니다. 능력이 부족해서가 아니라 부정적인 생각의 덫에 걸려든 것입니다.

예수님은 제자들에게 "사람의 아들은 반드시 많은 고난을 겪고 원로들과 수석 사제들과 율법 학자들에게 배척을 받아 죽임을 당하였다가 사흘 만에 되살아나야 한다." 하고 이르셨습니다. 부활을 위해서 수난이 찾아올 것임을 알려 주신 것입니다. 주님은 수난 과정을 인내로 이겨 내야 부활을 맞을 수 있음을 온몸으로 보여 주신 분이십니다. 아무리 노력해도 되지 않는다고 포기하고픈 마음이 드는 바로 그때가 부활 직전임을, 조금만 더 노력하면 티핑 포인트를 맞을 수 있음을 주님은 온몸으로 보여 주셨습니다.

살다 보면 자기도 모르게 막막한 감정이 올라오고 무기력해지는 때가 있습니다. 마음속에서 절망의 수레바퀴를 돌리는 느낌이 들 때 말입니다. 잘 모르거나 잘 못하더라도 어떻게 하면 더 잘할 수 있을까 계속 고민해야 앞으로 나아갈 수 있는데, 어떨 때에는 그 반대로 살게 됩니다. "나는 잘하지 못해.", "나는 잘 몰라."라는 절망적인 소리를 입에 달고 살기도 하지요. 이렇게 사는 사람은 처음에는 겸손해 보이지만, 시간이 갈수록 주위 사람들을 피곤하게 만들고, 무기력하게 만듭니다. 그러면 사람들이 가까이 하려고 하지 않거나 그 주변에서 떠납니다. 그러면 그 사람은 다시 자신을 자책하고, 떠난 사람들을 원망하는 악순환을 거듭합니다. 이럴 때에는 자신의 삶을 극적으로 반전시키기 위한 과감한 용기가 필요합니다.

지금 이 순간이 내 인생의 전부가 아니라 지나가는 과정의 일부라고, 지금 이 순간은 내가 인생을 깨닫기 위한 수련의 한 장이라고 생각해야 합니다. 그리고 지금 이 순간 내가 나에게 투자하지 않으면, 당연히 미래도 별로 시원치 않다는 것을 알아야 합니다. 사람은 깊은 절망에 빠지면 마음의 눈이 멀고, 귀가 들리지 않습니다. 주위의 것들이 하나도 들리지 않고, 보이지 않는다는 것입니다. 그야말로 머릿속이 하얗게 되는 것입니다.

이렇게 절망이라는 감정은 인간을 마비시킬 정도로 강력한 힘을 행사합니다. 그럴수록 우리는 큰 호흡을 하고, 주위를 둘러보고, 사람들과 대화를 나누려고 해야 합니다. 이렇게 노력해야 인내할 수 있는 힘이 생기고 티핑 포인트를 맞을 수 있습니다. 우리가 사는 인생에서 영원한 고통은 없다는 것을 잊지 않고 끝까지 버텨 내는 일은 참으로 중요합니다. 신학교에서 방학식을 할 때 부르는 라틴어 노래 가사 중 이런 말이 있습니다. "낫을 잡았거든 뒤를 돌아보지 말라." 이 가사 말처럼 뒤를 돌아보지 않고 끝까지 노력하는 길을 걸어 보시길 바랍니다. 전혀 앞으로 나아가지 않는 듯 보이지만 어느 순간 티핑 포인트를 마주할 수 있을 테니까요.

묵상 시간

나의 인생 곡선을 만들어 보고 내 인생의 티핑 포인트는 언제였는지 한번 생각해 봅시다.

불안을
이용하는 방법
루카 9,44-45

　우리는 본능적으로 부정적인 감정을 피하려고 합니다. 그중에서도 특히 불안감을 피하고 싶어 하지요. 불안하면 마음이 불편하고 초조해서 어떻게 해야 할지 모르기 때문에 피하고 싶은 것입니다. 불안은 내 안에서 반대되는 두 힘이 부딪칠 때 발생합니다. 이러할 때 우리는 방어 기제, 특히 억압이란 기제를 동원해서 불안에서 벗어나려고 합니다.

　제자들은 "너희는 이 말을 귀담아들어라. 사람의 아들은 사람들의 손에 넘겨질 것이다."라고 하신 예수님의 말씀을 제대로 이해하지 못합니다. 두렵고 불안한 마음에 예수님께 여쭤 보지도 못합니다. 그렇다면 예수님은 왜 이렇게 말씀하신 것일까요? 왜 제자들에게 두렵고 불안한 마음이 들도록 하셨을까요?

그것은 **불안이 나 자신을 깊이 들여다보게 해 주는 좋은 도구**이기 때문입니다. 우리는 마음이 편안하면 더 이상 자기 안을 보려고도 하지 않을 뿐 아니라, 그 안으로 들어갈 수도 없습니다. 불편한 감정이 있어야만 자아가 무의식 안으로 들어갈 수 있습니다. 따라서 예수님이 제자들에게 두려움과 불안을 주는 말씀을 하신 것은 그들이 그분이 하신 말씀을 곰곰이 생각하여 그들 자신을 들여다볼 수 있게 하고자 하셨기 때문입니다.

또 불안은 내가 무엇이라도 하게끔 하는 행동의 원동력이 됩니다. 불안하면 무언가라도 하려고 하는데, 역으로 마음이 불안하지 않으면 아무것도 하지 않고 사소한 것에만 마음을 쓰게 되지요. 그래서 주님은 그분의 길을 가시기에 앞서 늘 자리다툼이나 하는 제자들의 태만함을 일깨우시려고 불안한 감정을 일부러 불러일으키셨을 지도 모릅니다.

그렇다고 해서 마음이 항상 불안한 것이 좋은 것은 아닙니다. 사람은 자신의 불안을 적절히 조절해야 하기 때문이지요. 자신의 마음 상태를 점검하여 내가 가진 불안이 과하지는 않은지 살펴봐야 합니다. 그리고 믿음을 가져야 합니다.

믿음은 신앙인이 가져야 할 기본적인 덕목입니다. 우리는 신앙생활을 하면서 '주님이 정말 내 기도를 들어주실까?', '내가 하는 기도가 정말 하늘에 닿을까?' 하는 의문부터 '그분이 정말 존재하실

까?' 하는 의문까지 갖습니다. 불안과 믿음은 동전의 양면이기 때문에 더욱 그러합니다. 불안하기 때문에 믿음이 중요한 것이고, 불안을 직시해야 믿음이 확고해지는 것입니다.

제 경험에 비춰 보면, 믿음은 앞을 내다보며 나아갈 때는 잘 느끼지 못하고 막막한 느낌만 드는데, 뒤를 돌아보았을 때에는 제게 은총을 주신 그분의 현존이 느껴지고, 불안함에 잠들지 못하고 눈물을 흘렸던 제 곁을 지켜 주신 그분의 존재감이 다가오더군요. 그제서야 "이분을 믿고 따라도 되겠구나. 내 인생을 다 맡겨도 되겠구나." 하는 안도감이 오고 주님께 의탁하고픈 마음이 생기곤 하였습니다.

신앙에 대해 의심이 든다면 하느님과 성모님께서 사람들에게 베푸신 은총을 보는 것이 좋습니다. 그렇게 할 때 의심을 버리게 될 뿐만 아니라 내 삶을 맡기는 믿음을 갖게 될 것입니다.

우리에게는 프랑스 루르드를 비롯하여 세계 곳곳에 성모님께서 발현하셔서 수많은 기적을 일으키신 영적 재산들이 있습니다. 성지라고 불리는 곳들입니다. 그곳에 가면 주님과 성모님의 현존이 느껴지고, 그분들이 사람들에게 베푸신 은총과 사랑이 느껴집니다. 그리고 그분들에 대한 깊은 믿음이 생기고, 그분들께 의탁하고 기도하고 싶은 마음이 솟아오릅니다. 믿음이 흔들리고 불안해질 때에는 앞을 보지 말고 뒤를 돌아보세요. 내 뒤에서 나를 지켜 주시는 주님과 성모님이 보일 것입니다.

묵상 시간

내 마음을 뒤흔드는 불안감이 있다면 그것이 어떠한 것인지 써 보세요. 그리고 그 불안감에 대처할 수 있는 방법에 대해서도 생각해 봅시다.

집착과 미련을 버리고
감사하는 마음을 가질 때

루카 9,46-48

제자들이 누가 가장 큰 사람이냐 하는 문제로 논쟁을 벌이자 주님은 가장 작은 사람이 가장 큰 사람이라는 알쏭달쏭한 말씀을 하십니다. 하지만 주님은 이 말씀이 어떤 의미인지 알아볼 수 있도록 힌트를 함께 주셨습니다. 바로 어린이입니다. 곧 여기서 작은 사람으로 살라는 말씀은 어린이처럼 살라는 말씀이지요. 즉, 어린이처럼 순수하고 단순하게 살 때 큰 사람이 될 수 있다는 의미입니다.

그런데 우리는 다시 어린이가 될 수 없습니다. 순수하고 단순하게 살려고 해도 그러기 어렵다는 의미입니다. 순수하고자 해도 이미 머릿속에 생각이 많아집니다. 스탠포드 대학의 심리학과 교수인 로라 카스텐슨은 '**노화의 역설**'을 언급하며 삶을 어떻게 살아야 하는지 잘 알려 줍니다. 그는 연로해서 일을 할 수 없다고 여겨지는 노인들이 오히려 평안하고 행복해하며, 살아온 생애에 대해서도 만족해한다고 합니다. 젊을수록 더 행복해질 것 같지만 현실은 반대라고 말하는 것입니다.

노인들이 이렇게 평안하고 행복한 삶을 사는 이유는 **자신들이 할 수 있는 만큼만 목표를 세우기 때문**이라고 합니다. 과욕을 부려서 무리하지 않는다는 것이지요. 그리고 **노인들은 오랜 시간 살아오면서 감정을 조절하는 법을 터득하였기 때문**이라고도 합니다. 즉, 자신을 불행하게 만드는 감정은 흘려버리고, 오로지 행복하게 만드는 감정에만 집중한다는 것입니다. 불쾌함을 최소화할 줄 알고, 유쾌함을 최대화할 줄 안다는 것이지요. 또한 노인들은 **자신이 가지고 있는 것이 무엇인지 알고, 그것을 영원히 소유할 수 없다는 것도 잘 알고 있습니다**. 그래서 어떤 대상에 대해서도 심각하게 집착하지 않습니다. 이렇게 마음이 평안하기에 종교적 영성을 더욱 쉽게 얻을 수 있지요.

이렇게 노인처럼 집착과 미련을 버리며 사는 것은 순수하고 단순하게 사는 것과 맥이 닿아 있습니다. 머리속에 생각이 많아도 자신이 할 수 있는 만큼만 목표를 세우며, 감정을 조절하고, 어떤 것에 집착하지 않으면 어린이처럼 순수하고 단순하게 사는 것과 비슷한 효과를 낳습니다. 그래서 사람은 나이가 들수록 아이 같아진다고 말하는가 봅니다.

여기에서 한 걸음 더 나아가려면, 감사하는 마음을 가져야 합니다. 감사할 마음이 생기지 않을 때에도 감사할 이유를 찾아볼 때에, 그래서 그 생각이 스스로 납득이 될 때에, 우리는 분노나 불안감이 가라앉는 것을 느낄 수 있습니다. 물론 가끔 도무지 감사할 것이 생각나지 않을 때도 있습니다만 감사할 것은 주변에 너무도 많이 있습니다.

TV 프로그램에 폐지를 수집하는 어머니와 함께 사는 청년의 이야기가 나온 적이 있습니다. 이 청년은 불우한 환경인데도 평범한 사람보다 스트레스를 훨씬 덜 받고 사는 아주 건강한 사람이었습니다. 그가 그리 살 수 있었던 비결은 늘 감사하며 살았기 때문입니다. 그의 어머니는 청각 장애를 지녔음에도 모든 일에 감사하며 살았는데, 그는 이러한 어머니에게 감사하는 습관을 배운 것입니다. 사정이 괜찮은 사람도 감사하며 사는 것이 쉽지 않은데 청년과 청년의 어머니는 어려운 상황 속에서도 이를 실천하며 살고 있었습니다.

집착과 미련을 버리고 감사하는 마음을 가질 때 우리 얼굴은 어린이와 같아집니다. 그리고 이런 사람들이 남을 이끄는 자리에 있다면 그 평온함은 주변으로 넓게 퍼집니다. 이런 까닭에 주님은 너희 가운데에서 가장 작은 사람이야말로 가장 큰 사람이라고 하신 거라고 생각합니다.

묵상 시간

내 안에 있는 자아들을 살펴보세요. 어린아이같이 순수하고 단순한 자아, 생각이 복잡하고 짜증 많은 자아 중 어떤 자아가 더 큰 부분을 차지하고 있나요?

사람은 공동체의 분위기에 영향을 받습니다

루카 9,49-50

제자들이 자기들과 함께하지 않는 사람에게 제재를 가하려고 하자 주님이 이를 말리십니다. 그분은 왜 그렇게 하셨을까요? 그것은 **공동체의 분위기가 사람의 내적 성장에 상당한 영향을 미치기 때문**입니다.

1939년에 심리학자인 쿠르트 레빈은 집단 역학[6]에 관한 이론을 전개하면서 권위적·방임적·민주적 분위기가 그 공간에 있는 아이들에게 어떤 영향을 미치는지를 연구했습니다.[7] 그 결과 권위적인 분위기에 있던 아이들은 공격성을 보였고, 방임적인 분위기에 있던 아이들은 어찌할 바를 모르거나 혼란스러워하였습니다. 그런

---

6 집단 역학: 쿠르트 레빈이 창시한 개념으로 집단 구성원 간에 작용하는 상호 작용과 영향력을 의미하는 말이다.

7 인간의 행동은 개인과 환경의 상호 작용의 결과라는 것을 알려 주는 이 연구 결과는 교육 심리학, 교육 방법론 등에서 자주 인용된다.

데 민주적인 분위기에 있던 아이들은 적대감보다는 동료애가 깊었고, 도덕성도 점차 높아져 가는 것을 확인했습니다.

이런 연구 결과에 따라 레빈은 개개인은 고립된 존재가 아니라, 일정한 사회 환경 안에서 활동하는 사회적 존재이며, 사회 역시 아무런 상관없는 개체들의 집합체가 아니라 서로 연계되어 있다고 말합니다. 즉, 개인과 집단은 서로에게 상당한 영향을 미치는 관계라는 것이지요. 그리고 어떤 집단의 성질과 특징은 집단 구성원이 서로 어떤 내재적 관계를 맺는지에 영향을 받는다고 했습니다.

이렇게 집단과 개인은 서로에게 상당한 영향을 미치기 때문에 우리는 우리 자신의 문제뿐만 아니라 집단의 문제도 같이 신경 써야 합니다. 특히 집단의 분위기가 분노에 이끌리기 시작하는 것을 끊임없이 경계해야 합니다. 분노는 공동체의 분위기를 극단으로 이끌기 쉽기 때문입니다. 공동체가 분노에 이끌리기 시작하면 그 집단의 구성원들은 이성을 잃기 쉽습니다. 대표적인 예가 예수님을 따르던 군중입니다. 예수님이 예루살렘에 입성하실 때 "호산나!"라고 외치던 이들이 바로 며칠 후 예수님께 온갖 수난과 고통을 준 뒤 십자가에 못 박았습니다. 바로 분노가 공동체를 잠식하였기 때문입니다.

분노는 그 이유가 아무리 합당한 것이라 할지라도 사람의 시야를 좁게 하고, 폭력적인 면을 충동질합니다. 자신은 정의롭기에 자기 마음에 들지 않는 사람들은 없어도 된다는 자기 착각에 빠지게 하는 것이지요. 중세 시대 선량한 사람들을 마녀로 몰아서 종교 재판한 사건뿐만 아니라 남미에서 있었던 원주민 살육 행위, 전쟁이 벌어질 때마다 벌어지는 대량 살상 행위가 바로 그러한 예입니다. 분노는 종교가 다르고 생각이 다르다고 일면식도 없는 사람들에게 적개심을 품게 합니다.

주님은 제자들이 다른 사람들에게 적대감을 보이자 이를 공동체의 불길한 조짐으로 보시고 제재를 가하셨습니다. 이는 마음속에 편을 갈라 놓고 자기와 다른 편에 있는 사람에게 분노를 쏟아 내는 행동을 막고자 하신 것이지요. 우리는 이러한 편 가르기가 우리 앞날에 어떤 악영향을 미칠지에 대해서는 예감하지 못하고 근시안적으로, 감정적으로 행동합니다. 그러나 이렇게 근시안적으로 행동하고 분열적인 조짐이 보일 때 그것이 어떤 결과를 낳을지 깊이 숙고해 보는 것이 좋습니다.

묵상 시간

내가 속한 공동체의 분위기는 어떤가요? 나의 가정은 어떤 분위기인지, 내가 다니는 성당은 어떤 분위기인지, 내 마음은 평소 어떤 상태인지 살펴봅시다.

하느님의 뜻은 무엇일까요?

루카 10,21-24

　예수님께서는 제자들에게 "너희 이름이 하늘에 기록된 것을 기뻐하여라." 하고 말씀하신 뒤, 다음과 같이 기도드리십니다. "아버지, 하늘과 땅의 주님, 지혜롭다는 자들과 슬기롭다는 자들에게는 이것을 감추시고 철부지들에게는 드러내 보이시니, 아버지께 감사를 드립니다. 그렇습니다, 아버지! 아버지의 선하신 뜻이 이렇게 이루어졌습니다."

　이 기도에 예수님이 사용하신 '아버지의 뜻'이라는 말은 우리가 자주 사용하는 말입니다. 특히 신앙생활을 오래한 사람이 자주 쓰지요. 물론 예수님은 하느님의 뜻을 잘 알고 이 말을 쓰셨을 것입니다. 그러나 우리는 하느님의 뜻을 잘 모릅니다. 그런데도 이 말을 자주 사용하고 있지요.

흔히 우리는 인생사에서 우리에게 다가오는 일들이 감당하기 어려울 때, 이 말을 쓰곤 합니다. 이는 혼자서 감당하기 힘들기 때문에 그분의 뜻이라고 겸허하게 받아들이며 그분께 의탁함으로써 마음의 안정을 찾기 위한 것입니다. 그래서 집착에서 벗어나는 효과를 주기도 합니다. 그러나 무조건 하느님의 뜻이라고 여기며 자신에게 주어진 일에 노력을 다하지 않는 것은 그리 좋은 일이 아닙니다. 최선을 다하기도 전에 **하느님의 뜻이라고 여기면서 수동적이고 무기력한 자세를 취할 수 있기 때문입니다.**

역경이 닥쳤을 때 우리는 그 역경 자체를 하느님의 섭리라고 생각하며 자신을 한 단계 더 성장시키는 계기로 삼을 수 있습니다. 그런데 그 역경을 하느님의 뜻이라고 여기면서 아무것도 하지 않는다면 그것은 하느님의 뜻에 순종하겠다는 것이 아니라 자신의 무기력함을 감추려는 무의식적인 행동을 하는 것입니다. 또한 주위 사람들에게 신앙심이 깊다는 칭찬을 들으면서 열등감에 대한 보상을 받으려는 행동이기도 하지요. 이럴 때는 성장을 하는 것이 아니라 퇴행을 하는 것이라고 볼 수 있습니다.

부모는 자식이 성장하기를, 그래서 큰 인물이 되기를 간절히 바랍니다. 이런 바람은 하느님도 마찬가지이십니다. 이런 관점에서 하느님의 뜻이라는 말을 바라본다면, 이 말을 남발하면서 스스로 성장하려는 의지를 포기하는 것은 하느님의 마음을 상하게 하는 것입니다.

> **묵상 시간**
>
> 하느님의 뜻이라고 여긴 일에는 어떤 것이 있었습니까? 그 내용을 적어 보세요. 그리고 그 일이 정말 하느님의 뜻이었는지 깊이 묵상해 봅시다.

높은 자리보다
영성 훈련이 시급합니다
루카 10,25-37

　이 복음 말씀은 '착한 사마리아인'이라는 제목으로 유명한 대목입니다. 특히 주일 학교 아이들에게 선행에 대한 이야기를 할 때 자주 들려주는 내용이기도 합니다.

　그런데 왜 주님은 굳이 선행을 한 사람을 사마리아 사람이라고 한 것일까요? 사마리아인은 정통 유다인의 입장에서 부정한 사람이었습니다. 그래서 유다인은 그들과는 아예 상종하지 않고 길을 갈 때에도 사마리아 지방을 돌아서 갈 정도였습니다. 그에 반해 직분이 높은 사제나 레위인은 자신들이 하느님께 선택받은 사람이라는 종교적인 우월감을 가지고 있었습니다. 그래서 늘 자신들이 다른 사람들을 가르쳐야 한다고 생각하면서 그 사회의 지도자를 자처하고 있었지요. 그러면서 사람들을 판단하는 권한이 자신들에게 있다고 생각했습니다. 그런데 주님은 이들이 가진 생각에 정면으로 돌을 던지십니다. 사제나 레위인의 자아도취를 정면으로 깨 버리는 말씀을 하신 것이지요.

우리는 직무나 직급으로 사람을 판단하는 경향이 있습니다. 물론 직무나 직급을 통해 그 사람이 얼마나 전문성을 가졌는지 판단할 수는 있지만, 인간적인 성숙도는 판단할 수는 없습니다. **사람됨이란 그 사람이 가진 직무나 직급에 의해서 생기는 것이 아니라, 그 사람의 영성 훈련에 의해서 이루어진다는 것을** 예수님은 사마리아 사람의 예를 들어서 명백히 설명하신 것입니다. 즉, 율법을 잘 안다고 자부하는 사제나 레위인보다 오히려 이방인인 사마리아인의 자비심을 칭찬하심으로써 주님께 가까이 가는 길은 그 사람의 조건에 있지 않고 영적인 성숙도에 있음을 알려 주신 것입니다.

또 한 가지 이 이야기에서 중요한 점은 사제나 레위인이 그 사람을 구하는 행동을 하지 않았으며, 그렇게 지나간 후에 다시 돌아오지도 않았다는 점입니다. 율법을 잘 아는 그들은 자신이 한 행동이 잘못된 행동이었음을 곧 깨달았을 것입니다. 그럼에도 그들은 오히려 잘못을 인정하기 싫어서 되돌아 오지 않았을 것입니다. 이렇게 자기 마음을 다듬는 훈련을 하지 않는다면, 직무나 직급은 역으로 사람의 성숙을 막는 독소 같은 기능을 하기도 합니다. 이것이 남에게 높은 평가를 받는 직무를 갖거나 높은 직급을 갖는 것보다 영성 훈련이 더욱 시급한 이유입니다.

묵상 시간

나의 사회적 위치를 이용하여 다른 사람에게 함부로 대한 적은 없었는지 성찰해 보세요. 그런 적이 있다면 그때 나의 마음은 어떠한 상태였나요?

자신의 행복을 선택하세요

루카 10,38-42

마리아와 마르타는 주님께서 총애하신 자매입니다. 그런데 주님께서 방문하시자 두 자매가 보인 반응은 다릅니다. 마르타는 시중들기 위해 분주한데, 마리아는 언니를 도울 생각을 하지 않고 주님 말씀을 듣느라 꼼짝도 안 합니다. 언뜻 보면 마리아가 얌체 같다는 생각이 들 수도 있습니다. 마르타도 마리아를 보면서 화가 났습니다. 그런데 마르타는 마리아에게만 화를 내는 것이 아니라 주님께도 항의합니다. 마리아뿐만 아니라 주님에게도 화가 난 것입니다.

마르타는 왜 화가 난 것일까요? 우리는 원치 않는 일을 하게 되었을 때 스트레스를 받는다고 표현합니다. 그러나 같은 일이라도 어떤 사람은 스트레스를 받고, 어떤 사람은 받지 않기도 하기 때문에 스트레스를 받는다는 표현은 올바르지 않습니다. 오히려 스트레스를 선택했다고 할 수 있지요. 마르타는 자기도 마리아처럼 주님 곁에서 쉴 수 있었는데 그것보다는 일하는 쪽을 선택했습니다. 이 선택에는 주님께 뭐라도 해 드려야 한다는 강박 관념이 작용한 것입니다. 그런데 즐거운 마음이 아닌, 하지 않으면 안 된다는 강박 관념에 의해서 어떤 행위를 선택하게 되면 그 마음의 근저에 분노가 있기 마련입니다. 이것이 스스로 스트레스를 만들어 내지요. '내가 이렇게 일하는데 너희들은 뭐하는 거야!' 하는 분노의 소리가 스트레스를 만들어 내는 것입니다.

주님께서 마르타를 보고 하신 말씀은 스스로 스트레스를 만들지 말고, 행복을 선택하는 삶을 살라고 하신 것입니다. 나 자신을 스트레스 받는 상황에 몰아넣을 것인가, 아니면 삶을 즐길 것인가를 결정하는 것은 주님께서 하실 일도, 다른 사람이 해 줄 일도 아닙니다. 바로 **자신이 선택하는** 일이지요. 그래서 어떤 일을 하다가 스트레스가 쌓이고, 불만이 터져 나온다면 그 일을 왜 하게 되었는지 자신의 선택을 되돌아보는 시간을 가져 보라고 하는 것입니다.

묵상 시간

화가 날 때는 내가 무엇 때문에 화가 난 것인지, 화를 내는 것이 나에게 어떤 결과를 가져다줄 것인지 생각해 봅시다.

제3장

천국은
누구나
찾아갈 수 있는
곳입니다

다른 사람을
용서해야 하는 이유

루카 11,1-4

이 복음은 주님께서 제자들에게 주님의 기도를 가르쳐 주시는 내용입니다. 이 기도에는 "저희에게 잘못한 이를 저희도 용서하오니 저희 죄를 용서하시고"라는 구절이 있습니다. 그런데 여기에 나오는 용서라는 말은 말로는 쉽지만 실천하기가 너무도 어렵습니다. 특히 내가 상대방에게 받은 상처가 클수록 용서하기가 더더욱 어렵습니다. 그런데도 다른 사람을 용서해야 하는 이유는 무엇일까요?

첫째, 용서하지 않으면 내 삶이 망가지기 때문입니다. 마음 안에 분노를 품고 사는 동안 나는 아무것도 할 수 없습니다. 공부를 하거나 일하는 데 집중하지도 못하고, 그렇다고 놀거나 휴식을 취하지도 못합니다. 그냥 시간을 낭비하게 되지요. 따라서 얼마 되지 않는 내 인생의 알토란 같은 시간을 아껴 쓰기 위해서라도 용서할 수 있다면 용서하는 것이 좋습니다.

둘째, 용서란 나의 건강을 챙기기 위한 수단입니다. 용서하지 않으면 분노가 주는 유혹에 빠져서 정신적·육체적으로 피폐해집니다. 계속 분노에 빠져서 건강을 해치게 되는 것입니다. 용서를 해야 마음이 편해져서 밥도 먹고, 운동도 하면서 자기 관리를 할 수 있습니다.

셋째, 용서란 내 인생의 새로운 순환을 만들기 위한 시작입니다. 내가 용서하면 그 기운이 좋은 기운의 순환을 불러일으킵니다. 그 순환의 마지막은 나 자신이기에 좋은 기운은 나에게 되돌아 옵니다. 그래서 **용서는 우리 운명을 건강하고 행복하게 만들기 위한 장기적인 투자**라고 말하는 것입니다.

그렇다고 해서 용서할 마음이 되지 않았는데 갑작스럽게 용서해서는 안 됩니다. 상대방을 억지로 용서하려고 하는 것은 몸을 건강하게 하겠다고 갑작스럽게 무거운 기구를 들어 올리는 것과 같습니다. 운동선수들이 서서히 운동량을 늘려가듯이, 자기 마음의 그릇에 맞추어서 우리도 용서의 양을 천천히 늘려 가야 합니다.

영성 수련에서 가장 중요한 것으로 손꼽히는 것이 용서입니다. 그만큼 중요하면서도 어려운 용서를 평생의 묵상거리로 삼고 매일 정진하시기 바랍니다.

묵상 시간

내가 용서하지 못하고 있는 사람들을 한 사람씩 떠올려 봅시다. 그들과 대화를 나누고 화해하는 시간을 가져 보는 것은 어떨까요?

주님께 마음껏
응석 부려 보세요

루카 11,9-13

주님께서 말씀하십니다. "청하여라, 너희에게 주실 것이다. 찾아라, 너희가 얻을 것이다. 문을 두드려라, 너희에게 열릴 것이다." 그런데 사회에서 계속 이렇게 한다면 우리는 그를 아이처럼 미성숙한 사람, 응석을 부리는 사람 취급을 할 것입니다. 자기중심적인 사람, 다른 사람들이 늘 자기만 바라보기를 원하는 사람, 자기가 무엇을 할 때에는 다른 사람들이 다 양보해 주기를 바라는 사람, 이런 사람으로 보겠지요. 그런데 주님은 왜 이렇게 말씀하셨을까요?

사람은 **응석 욕구가 어느 정도 채워져야 건강한 마음을 가질 수 있기** 때문입니다. 응석 욕구는 다른 욕구들과 마찬가지로 사람 마음이 건강해지는 데 필수적인 것입니다. 특히 아이들은 응석 욕구를 채우면서 성장합니다. 또한 다른 아이들의 응석 욕구와 맞부딪치면서 다른 사람들을 이해하게 되지요.

만약 아이의 응석 욕구가 채워지지 않고 억눌리기만 한다면 어떤 일이 생길까요? 아이는 자기가 다른 사람의 도움을 받을 가치가 없는 존재라고 생각하게 됩니다. 이런 사람들은 밖에서는 좋은 사람인데 집에서는 완전히 딴사람이 됩니다. 다른 사람들을 만나며 쌓인 감정을 집 안에서 가까운 사람에게 뱉어 냅니다. 그런데 이렇게 이중적인 삶을 사는 것 자체가 본인에게는 참으로 불편하기 이를 데 없습니다. 그래서 마음 안에 늘 까닭 모를 불쾌감이 있으며, 그런 불편한 감정이 잘 풀어지지 않아서 늘 궁시렁 궁시렁 변명을 늘어놓으면서 살게 되지요.

자신이 이러한 삶을 사는 것 같다는 생각이 든다면 어린 시절 채워지지 않은 응석 욕구를 채우려고 노력해야 합니다. 어른이 되어 남에게 응석을 부리기는 어려우니 기도를 통하여 주님께 마음껏 응석을 부리는 것이 좋을 것입니다. 그리고 주님께서도 이 복음 말씀처럼 자신에게 얼마든지 더 응석을 부리고 건강한 마음을 가지라고 하십니다.

그런데 어린 시절 부모님이 어떤 분이었는지에 따라서 응석 욕구를 채우는 기도가 잘 되지 않을 수도 있습니다. 강압적인 아버지 밑에서 자란 사람들은 주님을 심판자로 여기고 무서워하여 주님께 기도가 잘 되지 않고, 잔소리 심한 엄마 밑에서 자란 아이들은 성모님께 기도가 잘 되지 않는다고 합니다. 하느님과 성모님을 자기 과거의 좋지 않은 기억과 연결하여 생각하기 때문에 이런 현상이 발생하는 것입니다.

이런 사람들은 기도를 열심히 하는데도 기도가 잘 되지 않으며, 자신이 하는 기도가 정성이 부족한 듯한 느낌을 받는다고 합니다. 기도할 때마다 마음이 움츠러들고 마치 숙제 검사받는 것처럼 느껴진다는 것이지요. 이런 경우 먼저 부모와 얽힌 감정을 풀어내는 치유 시간을 가지는 것이 좋습니다. 그래야 마음 편히 건강한 신앙생활을 해 나갈 수 있습니다.

사랑하는 사람에게는 상대방의 작은 허물도 보이지 않는다고 합니다. 사람도 이러한데 우리를 위하여 목숨까지 내놓으신 사랑이 지극하신 주님께서 우리의 하찮은 실수에 노발대발하실 리 없습니다. 그러니 기도를 드릴 때에는 마음껏 응석 부려 보시기 바랍니다.

묵상 시간

가족들이 나를 어떤 사람으로 여기고 있는지 알아봅시다. 또한 하느님께 내 속마음을 어디까지 보일 수 있는지 돌아보는 시간을 가져 보세요.

시기심, 나에게 부족한 부분을
알려 주는 신호

루카 11,14-23

주님께서 기적을 일으키셨는데 그것을 목격한 몇몇 사람은 놀라워하기는커녕 주님을 모함합니다. 시기심 때문입니다.

시기심은 왜 생기는 것일까요? 오스트리아의 심리학자인 멜라니 클라인은, 어머니의 젖가슴을 빼앗고 싶은 마음이 시기심의 시작이라고 합니다. 유아기에는 전지전능감을 가지고 산다고 합니다. 모든 것을 다 가져야 한다는 그런 마음이지요. 그런데 아기는 자기에게 없는 것이 다른 사람에게 있다는 사실을 알게 되면서 충격을 받게 됩니다. 이 충격이 시기심의 시작이라는 것입니다.

동서고금을 막론하고 모두가 시기심을 부정적으로 평가합니다. 왜냐하면 시기심은 내게 부족한 것을 채우려는 단순한 욕망이 아니라, 내가 갖지 못한 것을 가진 사람에게서 빼앗고 그를 파괴하고픈 욕망이기 때문입니다. 그런데 문제는 상대방만 파괴되는 것이 아니라 자신도 망가진다는 것입니다. 시기심을 갖게 되면 별 볼 일 없는 자신에게 낙담하고 분노하는 한편, 상대방을 빨리 따라잡고 싶은 욕망 때문에 여유를 잃어버립니다. 불안과 초조 속에 살면서 모든 에너지를 상대에게 쏟아붓고 정작 자신은 피폐해지지요. 이렇게 시기심의 부작용이 크기에 많은 현인들이 시기심에 대하여 경고하였습니다.

그러나 시기심을 꼭 부정적인 것으로만 볼 것은 아니라는 것이 영성 심리학의 입장입니다. 영성 심리에서 시기심은 인간이 가진 원초적 감정 가운데 하나라고 합니다. 그리고 이 감정에는 발전의 동기를 제공하는 긍정적 측면도 있다고 하지요. 즉, **시기심은 나에게 부족한 것이 있음을 알려 주는 신호**라고 볼 수 있습니다. 따라서 시기심이 생길 때, 우리는 그 부족한 부분을 어떻게 채울 수 있을지 진지하게 고민하는 것이 좋습니다. 그래야 시기심이 긍정적으로 작용합니다.

물론 시기심은 다루기 힘든 감정입니다. 시기심의 독은 우리를 해치기 쉽습니다. 이 독에 다치지 않으려면 가진 것에 만족하고 유일한 존재인 자신의 가치를 찾아야 합니다. 그리고 시기심을 숨기지 말고 다른 사람들과 그런 감정에 대하여 이야기해서 해소하는 것이 중요합니다.

반대로 자신이 시기의 대상이 된 경우에는 어떻게 해야 할까요? 어떤 사람은 다른 사람이 자신을 시기할까 봐 두려워서 스스로 자신의 성공을 막기도 합니다. 그러나 독일의 심리학자인 롤프 하우블은 "다른 사람이 시기하는 대상이 된다는 것은 고독한 형태로 자신의 능력을 확인하는 것이다."라고 하였습니다. 이 말처럼 시기심의 대상이 되면 그 때문에 위축되기보다는 자신의 어떤 면이 뛰어난지 확인하는 기회로 삼아야 합니다. 그리고 더욱 자신의 능력을 키우려고 애써야 합니다. 그러나 시기심의 대상이 될수록 겸손할 필요가 있다는 점을 명심해야 합니다. 겸손하지 않으면 시기심 때문에 주변 사람들에게 능력을 인정받지 못하는 결과가 생길 수도 있습니다. 아무리 능력이 탁월해도 주변 사람에게 인정받지 못하면, 능력을 발휘할 수 없다는 점을 꼭 기억해야 합니다.

시기심이 생기거나 시기의 대상이 되는 것 모두 견디기 쉬운 일은 아닙니다. 그러나 이러한 일들이 피할 일도 아니라는 것을 유념하고 삶에서 균형을 잘 잡으시길 바랍니다.

묵상 시간

내가 시기하는 사람은 누구인가요? 그리고 나를 시기하는 사람은 누구인가요? 각각 이름을 적어 보고 그 이유에 대해 생각해 보세요.

내 방에
하느님을 모신다면

루카 11,24-26

　이 복음에서 주님은 더러운 영이 사람에게서 나간 다음 일어나는 일을 설명해 주십니다. 더러운 영이 사람에게서 나가면, 그 영은 쉴 데를 찾지 못하고 곧 원래 사람에게 돌아가며 그때에는 자기보다 더 악한 영들을 데리고 그 사람에게 들어가기에 더러운 영을 내쫓은 사람의 끝이 처음보다 더 나빠진다고 하셨습니다.

　이 말씀은 여러 가지로 해석할 수 있지만 건강한 삶을 살려면 신앙심을 가져야 한다는 의미로도 해석해 볼 수 있습니다. 우리는 살면서 여러 결심을 합니다. 자신의 의지로 과거의 삶을 정리하고, 새 삶을 살고자 마음을 굳게 먹는 것을 결심이라고 합니다. 그런데 문제는 사람의 의지라는 것이 그리 오래 지속되지 않는다는 것입니다. 그래서 작심삼일이란 말이 흔하게 사용됩니다.

어쨌건 내 힘으로 나의 삶을 바꾸고자 노력할 때 나는 내 마음의 주인이 될 수 있습니다. 그런데 이렇게 노력하고자 하는 의지가 오래 지속되지 않으니 곧 지치게 됩니다. 그렇게 되면 내 마음의 방은 주인이 없는 빈방이 되어 버리고 맙니다. 결과적으로 자포자기하게 되어 예전보다 더 못한 상태가 되어 버리는 것입니다. 마치 악령 여럿이 들어찬 방같이 되어 버리는 것이지요.

사람의 마음은 방입니다. 그런데 이 방을 아무리 지키려고 해도 나 홀로는 지키기 어렵습니다. 그렇기 때문에 우리는 내 마음의 방에 잡스러운 것들이 들어와서 내 영혼을 휘두르기 전에 영혼의 주인이신 하느님을 방에 모셔야 합니다. 하느님은 내 방을 나보다 더 잘 지켜 줄 분이시기 때문입니다.

이렇게 하느님을 내 방에 모시게 되면 우리 삶은 바뀌게 됩니다. 혼자라는 느낌에서 벗어나 기도를 하면서 자신을 다스릴 수 있게 됩니다. 세상이 주는 행복감과 비교할 수 없는 행복감을 맛보게 되고요. 주님은 우리의 허물을 보시면서도 오랫동안 용서해 주시고 참아 주시는 분이십니다. 우리의 의지가 모자라더라도 방을 지켜 주시면서 우리를 기다려 주시는 분이시지요. 그래서 자기 방에 하느님을 모신 사람들은 결코 자포자기하지 않게 됩니다. 집 안에 좋은 손님을 모시면 복이 들어온다고 하듯이 내 마음에 주님을 모시면 말할 수 없이 큰 복이 들어올 것입니다.

묵상 시간

내 마음속에는 누가 있나요? 마음속의 그 사람이 나를 행복하게 해 주는지, 아니면 나를 불행하게 만드는지 생각해 봅시다. 그리고 나는 내 마음의 주님을 얼마나 생각하며 사는지 내 신앙생활을 돌아보는 시간을 가져 보세요.

천국은 누구나
찾아갈 수 있는 곳입니다
루카 11,37-54

　천국은 어떤 곳일까요? 한마디로 영혼의 고향이라고 할 수 있습니다. 고향 가는 길은 누구에게나 흐뭇함을 안겨 줍니다. 낯선 곳에서 여러 가지 서러움을 겪으면서 살다가 찾아간 고향은 내 마음과 몸을 쉬게 해 주는 곳이지요. 그래서 **천국을 우리가 마지막으로 찾아가서 평화를 얻는 모든 인류의 고향**이라고 하는 것입니다.

　물론 천국은 하느님의 심판에 따라 갈 수 있는 곳입니다. 그러나 스스로 거룩하지 못한 삶을 살아간다고 생각하는 사람들이라 해도 천국은 회개만 하면 언제든지 갈 수 있는 곳이기도 합니다. 그곳은 그림의 떡이나 마음에 부담감을 안겨 주는 짐스러운 장소가 아닙니다. 만약 천국이 들어가기 까다로운 곳이라면 우리는 회개하기보다 자포자기하게 될 것입니다.

그런데 어떤 종교인들은 하느님께서 기꺼이 열어 주신 장소에 사람들이 함부로 가지 못하게 가로막는 짓을 합니다. 이들은 누구일까요? 복음서에 나오는 바리사이들과 율법 학자들입니다. 사람들이 천국에 거리낌 없이 들어가려면 자신이 하느님께 받아들여지고 있다는 확신이 있어야 합니다. 이것을 믿음이라고 하는데, 바리사이와 율법 학자들은 사람들에게 하느님의 자녀가 될 자격이 없음을 알려 주는 사악한 전도사 역할을 했습니다.

독일의 신학자인 폴 틸리히는 진정한 회개란 하느님을 닮아 가는 과정에서 조건 없이 스스로를 받아들이는 것이라고 했습니다. 그리고 우리가 천국에 가지 못할 거라는 두려움이 생겨도 하느님께서 받아들여 주실 거라 믿고 용기를 내는 것이라고 했지요. 그런데 우리는 천국에 들어갈 수 있는 조건을 스스로 만들어 놓고 그 앞에서 무너져 버리는 일을 반복하면서 살아가고 있습니다. 우리 내면에 있는 바리사이와 율법 학자들이 그렇게 하도록 만드는 것입니다. 이렇게 살면 외적으로는 열심히 사는 신앙인처럼 보이지만, 내적으로는 절망적이고 무기력한 자기기만적인 삶을 살게 됩니다.

천국은 우리의 마지막이자 영원한 고향입니다. 가진 것이 없어도 행색이 남루해도 천국은 누구나 받아들여 주는 영혼의 고향입니다. 그러니 지금 내가 구원받을 수 있을까 하는 마음이 들더라도 용기를 내어 천국 문을 향해 가시길 바랍니다. 그리고 내 영혼이 고향도 없이 떠도는 나그네가 되지 않도록 스스로를 받아들이고 사랑하시기를 바랍니다.

묵상 시간

지금 나는 구원받을 수 있을까요? 스스로에게 질문해 보세요. 만약 내가 구원받을 수 없다고 생각한다면 그 이유는 무엇인가요?

기도가 주는
심리적 안정감

루카 12,22-32

　예수님께서 "너희는 무엇을 먹을까, 무엇을 마실까 하고 찾지 마라. 염려하지 마라. 이런 것들은 모두 이 세상 다른 민족들이 애써 찾는 것이다. 너희의 아버지께서는 이것들이 너희에게 필요함을 아신다. 오히려 너희는 그분의 나라를 찾아라. 그러면 이것들도 곁들여 받게 될 것이다. 너희들 작은 양 떼야, 두려워하지 마라. 너희 아버지께서는 그 나라를 너희에게 기꺼이 주기로 하셨다."라고 하십니다.

　이 복음 말씀은 머리로는 이해가 잘 됩니다. 하지만 현실에서 삶을 힘들게 꾸려 나가는 사람들에게는 비현실적인 말처럼 들릴지도 모릅니다. 그러나 주님의 이 말씀은 하느님께 기도만 하면 무엇이든지 해결된다는 의미가 아닙니다. 주님은 사람의 마음이 어디에 머물러야 현명한 선택을 하게 되는지를 가르쳐 주시는 것입니다.

사람의 근육 신경계와 내분비계는 일종의 기억을 가지고 있어서 우리가 겪은 상처, 공포, 슬픔 등을 저장한다고 합니다. 그래서 밤이 되거나 날씨가 좋지 않으면 아무 이유 없이 몸과 마음이 아플 때가 있는 것입니다. 그럴 때 가장 좋은 약이 무엇일까요? 바로 기도입니다.

십자가 앞에서 가만히 앉아 기도를 하면 우선 신체적으로 여러 가지 좋은 현상이 나타납니다. 우선 긴장 완화와 관련 있는 뇌파인 알파파와 잠을 잘 자게 해 주는 호르몬인 멜라토닌이 증가해서 스트레스를 받을 때마다 발생하는 **코르티솔과 아드레날린 수치를 낮춰 줍니다.** 또한 스트레스를 잘 받는 우측 전두엽 피질에서 발생하는 뇌파들이 좀 더 평온한 좌측 전두엽 피질로 옮겨 가서 뇌에서 공포심을 담당하는 **편도체의 활동성이 줄어듭니다.** 그래서 걱정이 사라지고, 자신의 문제가 더 이상 크게 보이지 않으며, 몸에 배어 있는 나쁜 기억들이 씻겨 나가는 현상이 생깁니다. 그리고 심리적으로 안정되어 나의 앞날을 어떻게 살아야 하는지를 좀 더 현명하고 분명하게 선택할 수 있게 됩니다.

그런데 심리적으로 안정되지 못하고 마냥 걱정에 둘러싸여 살면 어떤 현상이 생길까요? 그럴 때에는 마음이 위축되어 '터널 비전 현상'이 생깁니다. 즉, 세상을 보는 시야가 좁아져서 스스로 막다른 골목길로 자기 인생을 몰아가게 되는 것입니다. 그래서 세상을 원망하고 신세를 한탄하면서 매일 자신을 학대하는 실패자의 삶을 살게 됩니다.

걱정을 하는 사람들은 그런 자신을 무의식적으로 상당히 똑똑하다고 생각합니다. 그래서 스스로 자가당착에 빠지는 무지한 행위를 합니다. 이런 모순된 삶을 살지 않으려면 기도를 해야 합니다. 마음과 몸을 추스르는 기도가 미궁 속에 빠진 내 인생을 건져 줄 가장 좋은 방법입니다.

묵상 시간

걱정거리가 생겼을 때 어떻게 대처하나요? 그리고 나는 어떨 때 기도를 하는지 생각해 보세요.

가장 소중히 여기는 것에 따라
삶이 변합니다

루카 12,33-34

　주님께서 "너희의 보물이 있는 곳에 너희의 마음도 있다." 하고 말씀하십니다. 이 말씀은 사람마다 보물로 여기는 것이 다르다는 말씀이며, 각자가 보물이라고 여기는 것을 중요하게 여기고, 마음을 둔다는 말씀입니다. 어떤 사람에게는 골동품이, 어떤 사람에게는 사람이, 또 어떤 사람에게는 금이나 보석이 보물로 보이겠지요. 어쨌건 사람에게 **보물이란 자신이 간절히 바라는 욕구 충족의 대상을** 의미합니다. 그런데 이 보물이 다 사람에게 이로움을 주지 않는 것이 문제입니다.

　어떤 보물은 사람의 마음을 행복하게 해서 그 행복을 다른 사람들에게 나누어 주고픈 마음을 불러일으킵니다. 그런데 어떤 보물은 사람의 마음을 더 갈증 나게 하고, 더 갖고 싶은 충동을 불러일으켜서 다른 사람을 해치는 범죄까지 저지르게 만들기도 하지요.

그 이유는 보물이 가진 **가치의 수준** 때문입니다. 가치 수준이 높은 보물은 사람의 삶을 지금보다 더 행복하고 수준 높게 만들어 줍니다. 반면 가치 수준이 낮은 보물은 사람을 그 수준만큼 끌어내립니다. 보물을 보는 눈은 그 사람의 내적 수준과 관련되어 있습니다. 그 사람이 추구하는 행복이 무엇인가에 따라 그 사람이 무엇을 중요하게 여기는지 알 수 있는 것이지요.

많은 사람들은 돈을 많이 버는 것이 행복의 전부라고 생각합니다. 물론 경제적인 여건이 좋아지면 일시적으로 기분이 좋아지겠지만 그것이 그리 오래가지는 않습니다. 그래서 실제로 행복한 사람은 돈을 목표로 하지 않고 자신의 주변에 사람을 모읍니다. 사람들을 위한 삶을 살며 그 안에서 행복을 느끼는 것이지요. 그런데 이보다 더 귀한 보물은 하느님을 찾는 삶입니다. 하느님과 함께하는 삶의 행복감을 맛본 사람들은 다른 보물이 눈에 들어 오지 않습니다. 언제 어떤 상황에서나 기도를 통해 자신의 마음을 추스를 수 있으며, 자신을 행복하게 해 주실 주님을 만날 수 있기 때문입니다.

묵상 시간

내가 가장 소중히 여기는 것들의 목록을 적어 보세요. 그리고 그것들이 나와 내 이웃들을 얼마나 행복하게 해 주는지 생각해 보세요.

세상에 문제가 없는 사람은
아무도 없습니다

루카 12,49-50

　우리 인생은 왜 이리도 호락호락하지 않을까요? 배우자 문제, 자식 문제, 일을 하면서 생기는 여러 가지 문제 등 인생살이가 문제로 시작해서 문제로 끝나는 것 같습니다. 그래서 많은 사람들은 문제가 없는 평안한 삶을 절절하게 바랍니다.

　그러나 세상에 문제가 없는 사람은 아무도 없습니다. 예수님은 "나는 세상에 불을 지르러 왔다. 그 불이 이미 타올랐으면 얼마나 좋으랴? 내가 받아야 하는 세례가 있다. 이 일이 다 이루어질 때까지 내가 얼마나 짓눌릴 것인가?"라고 하십니다. 주님께도 해결해야 할 문제가 있으셨던 것이지요.

　그렇다면 우리는 인생에서 생기는 문제를 어떤 시각으로 보아야 할까요? 스캇 펙이라는 미국의 심리학자는 이런 말을 했습니다.

"기쁨이나 보람이 인생의 한 부분인 것처럼 장애나 문제도 인생의 일부분으로 받아들여야 한다. 모든 문제를 다 해결했다고 해서 반드시 진정한 행복이 찾아오는 것은 아니다. 인생의 모든 문제는 마음의 문을 열도록 최적의 기회를 준다. 일생 동안 겪게 되는 문제가 사람을 성숙하게 한다."

이는 우리 삶에 생기는 문제가 무용지물이 아니라 인생에 필요한 요소라는 말입니다. 귀한 자식일수록 고생시켜야 한다는 말처럼 문제나 어려움이 사람을 성숙하도록 해 준다는 것이지요. 따라서 **문제를 회피하지 않고, 직면하면서 풀어 가는** 삶이 건강한 신앙인의 삶인 것입니다.

어머니의 병환으로 병원을 들락거리면서 현실의 한계를 느낀 적이 있습니다. 아프신 어머니를 위해 해 드릴 게 없는 무력감, 병원 치료로도 확신할 수 없었던 불안감을 느꼈습니다. 사람이 전능한 존재가 아니라 한계 안에서 살아가는 존재임을 새삼스럽게 깨달은 것이지요. 제 힘으로는 아무것도 할 수 없다는 것을 알았을 때 좌절감과 우울감을 넘어 분노를 느꼈습니다. 그리고 그 분노를 하느님께 터뜨렸지요.

고통을 겪어 본 사람이라면 누구나 이와 같은 마음을 느껴 보셨을 것입니다. 하지만 중요한 것은 그다음에 무엇을 할 것인지입니다. 저는 무작정 기도를 했습니다. '아무것도 하지 않고 화만 내서 얻을 것이 뭐가 있을까?', '차라리 그 시간에 기도하는 것이 낫지 않을까?' 하는 생각이 들어서였습니다. 그 후 문제가 생길 때, 절망과 좌절이 저를 붙들려고 할 때마다 절대로 기도의 끈을 놓지 않게 되었습니다. 반드시 기도에는 응답이 온다고 믿으니까요.

　살면서 문제와 고난은 반드시 생기는 것입니다. 문제가 없는 삶이란 있을 수 없지요. 그러니 문제가 발생할 때 '왜 나에게만 이런 일이 생기는 거야.'라며 한탄하기보다는 이 문제를 통하여 내가 얼마나 더 건강해지고 강해질 것인가에 초점을 맞추고 사시기를 바랍니다. 그래도 마음이 무너지는 것 같을 때에는 기도의 끈을 잡고 놓지 마시기 바랍니다.

묵상 시간

내가 가진 문제를 목록으로 만들어 보세요. 그 문제가 나에게 어떤 의미를 지니는지 한번 적어 보세요. 그리고 내가 얼마나 인내롭게 기도했는지 자신의 신앙생활을 돌아보시기 바랍니다.

실패하는 자기 자신을
받아들이기

루카 13,1-5

예수님은 우리에게 경고하십니다. "내가 너희에게 말한다. 너희도 회개하지 않으면 모두 그처럼 멸망할 것이다."

성경에서는 회개하라는 말이 자주 나옵니다. 회개라는 말은 신앙인들에게는 익숙한 단어이지만 정작 그 의미를 정확히 아는 사람은 드뭅니다. 일반적으로 사람들은 회개를 과거의 잘못에서 완전히 벗어나는 것, 또는 앞으로 죄짓지 않고 사는 것이라고 생각합니다. 하지만 우리는 끊임없이 죄를 짓기에 이 말을 들으면 마음이 무겁고 부담스럽습니다. 실제로 신앙생활의 명제들이 심리적 부담감으로 다가올 때 대개는 그 명제들이 복음의 관점에서 벗어나 있기 일쑤입니다.

저는 주님이 말씀하시는 회개는 '**실패하는 자기 자신을 받아들이는**

것'이라고 생각합니다. 인간은 수도 없이 실수하고 실패합니다. 같은 죄와 잘못도 여러 번 반복하여 짓고 사는 나약한 존재입니다. 예수님은 이러한 우리를 너무나도 잘 아시기에 자신의 실패를 더 나은 삶을 살기 위한 거름으로 받아들이라고 말씀하십니다. 그것이 회개하는 삶이라고 알려 주시는 것이지요. 주님의 이런 가르침을 가장 잘 받아들인 사람이 바로 베드로입니다. 베드로는 주님을 배신하는 대죄를 지었지만, 그런 실패를 거울삼아 다시 일어날 수 있는 기회를 받았습니다.

그런데 우리는 왜 회개를 엄격한 의미로만 받아들이는 것일까요? 그것은 신앙 때문에 그렇게 받아들이는 것이 아닙니다. 오히려 오랫동안 내 마음에 자리 잡힌 강박 관념 때문에 그렇게 받아들이는 것이지요. 작은 실수나 실패도 용납하지 않는 강박 관념이 회개도 그러한 관점으로 받아들이도록 하는 것입니다. 따라서 회개라는 말을 들을 때 무겁고 힘겨운 느낌을 받는 사람들은 그러한 자기감정이 어디에서 오며, 왜 생겼는지 스스로 살펴볼 필요가 있습니다.

수많은 실패, 잘못, 같은 죄를 반복하여 지어도 이를 뉘우치고 거울삼아 다시 일어서는가, 아니면 그러한 자신을 질책하면서 자신을 얽매이게 하는가 하는 것은 전적으로 나의 선택입니다. 자기 자신을 받아들이고 그러한 자기 자신을 딛고 일어설 때 건강한 신앙인이 될 수 있습니다.

묵상 시간

나의 실수나 실패, 잘못에 대해 나는 어떤 입장을 취하는지 생각해 봅시다. 잘못을 저지른 나 자신을 대하는 나의 태도에 대해 자세하게 적어 보고 꼭 그렇게 해야만 하는지에 대해 스스로에게 질문을 던져 보세요.

보석 같은 말,
침묵

루카 13,6-9

이 복음에서 주님은 아무런 열매도 열리지 않는 나무는 단호하게 잘라 버리겠다고 경고하십니다. 여기서 나무는 사람을 상징합니다. 그렇다면 열매를 맺는 사람은 어떤 사람일까요?

열매를 맺은 사람인지 아닌지 여부는 그 사람의 말을 들어 보면 알 수 있습니다. 열매를 맺은 사람은 하는 말이 다릅니다. 말을 듣다 보면, 어떤 사람이 하는 말은 귀담아들을 만한데 어떤 사람이 하는 말은 식상하기만 합니다. 같은 말을 해도 다른 느낌을 주지요.

열매 맺은 사람이 하는 말은 다이아몬드와 같습니다. 그러나 그렇지 못한 사람이 하는 말은 흑연과 같지요. 다이아몬드와 흑연은 같은 원소로 되어 있지만, 다이아몬드는 고온, 고압 상태를 버텨 냈기에 흑연과 다른 모습을 갖게 되었습니다. 같은 말을 하는 것 같지만 열매 맺은 사람은 말을 하기 전에 다이아몬드처럼 마음속에서 수없이 인고하는 과정을 거쳤습니다. 그래서 그의 말은 보석처럼 빛나고 사람들이 귀를 기울이게 합니다.

내가 하는 말을 다이아몬드처럼 바꾸려면 침묵하며 하느님과 대화하는 과정이 필요합니다. 특히 마음속에 쌓인 감정, 좋지 않은 감정을 주님 앞에 털어놓는 기도가 중요합니다. 그러면 주님께서 내 안에 숨겨진 것을 드러나게 해 주십니다. 그렇게 자신의 진면목을 보고 부끄러움을 느끼고 겸허한 마음가짐을 가질수록 그가 하는 말은 다이아몬드 같은 가치를 가지게 됩니다. 그래서 수도원의 침묵 피정, 불교의 묵언 수행과 같은 힘겨운 수련 과정이 수행자들에게 필수적으로 요구되는 것입니다. 기도하는 시간이 많은 사람, 오래도록 자신의 마음을 들여다본 사람이 주위 사람들에게 존경과 사랑받는 것도 같은 이유 때문입니다.

침묵하는 과정 없이 뱉어 낸 말은 주위 사람들에게 피해를 주기 일쑤입니다. 입에서 나오는 말이 온갖 감정의 노폐물을 담고 있어서 시야를 까맣게 가리기 때문입니다. 따라서 진정으로 주님과 사람들에게 사랑받는 사람이 되려면 침묵과 기도라는 용광로에 불순한 감정을 정화하는 시간을 매일 꾸준히 가져야 합니다.

묵상 시간

나의 말에 귀 기울여 주는 사람은 몇 명이나 되나요? 내가 이야기할 때 싫어하거나 딴청을 부리는 사람은 없는지 살펴보고 그 이유에 대해 생각해 봅시다.

겨자씨 같은 사람이 된다는 것

루카 13,18-19

  이 복음에서는 겨자씨를 심었더니 자라서 나무가 되어 하늘의 새들이 그 가지에 깃들었다고 합니다. 이는 엄청난 성장을 하는 사람을 비유적으로 표현한 것인데 그럼 겨자씨 같은 사람이 되려면 어떻게 살아야 할까요?

  그 답은 **열린** 사람이 **되어야 한다**는 것입니다. 내게 다가오는 모든 경험에 열려 있어야 할 뿐 아니라 자기 스스로도 마음을 열고 세상 속으로 들어가야 합니다. 왜냐하면 외부 세계와 마주할수록 자신의 내부 세계를 들여다보게 되고 그런 과정이 거듭되면서 어두운 마음이 점차 밝아지기 때문입니다. 그리고 이렇게 열려 있는 사람들은 나이가 들어서도 성장이 멈추지 않습니다. 끊임없이 공부하기 때문입니다. 이렇게 열려 있는 사람들은 다른 사람들의 멘토 역할을 할 뿐만 아니라 스스로 자기 인생을 즐기고 만족할 줄 압니다.

성장하는 사람들은 가지가 하늘로 치솟고 그 뿌리가 땅속 깊이 내려져 있습니다. 그래서 그에게는 수많은 생명체가 기거합니다. 그런데 뿌리가 깊지도 제대로 자라지도 못해서 그늘도 못 만들고, 열매도 못 맺는 나무와 같은 사람도 적지 않습니다. 이러한 사람들은 외부와 차단된 삶을 살기에 성장이 멈추고 내면이 썩어 갑니다. 그리고 우물 안 개구리처럼 고집스러워져서 아무도 그에게 가까이 가려 하지 않습니다.

나 자신을 나무라고 생각해 보세요. 그리고 나라는 나무는 어떠한지 생각해 보세요. 높게 잘 자랐는지, 열매가 많은지 생각해 보고 사람들과 대화를 나눠 보세요. 사람들이 나와 대화하는 것을 어떻게 생각하는지를 보면 나라는 나무가 어떠한 모습인지 알 수 있습니다. 내가 하는 말 속에는 나의 모습이 잘 담겨 있기 때문입니다. 아무리 달변이라 할지라도 그 사람이 하는 말에 진정성이 떨어지면 사람들은 그와 가까이 하고 싶어 하지 않습니다. 그러나 아무리 눌변이라 할지라도 그 사람의 마음에 깊은 진정성이 느껴지면 왠지 자기 얘기를 털어놓고 싶고, 의지하고 싶은 마음이 올라옵니다.

그러니 늘 마음을 열고, 귀를 열고, 공부하는 마음가짐으로 사세요. 그렇게 하는 것이 바로 겨자씨를 커다란 나무로 키우는 길임을 명심하시기 바랍니다.

묵상 시간

나는 어떠한 나무일까요? 다른 사람들이 내 말을 귀담아듣는지 아니면 건성으로 듣는지 다른 사람들과 대화하면서 그들의 반응을 유심히 살펴 보세요.

남을
편안하게 해 주려면
루카 13,20-21

　예수님께서 말씀하십니다. "하느님의 나라를 무엇에 비길까? 그것은 누룩과 같다. 어떤 여자가 그것을 가져다가 밀가루 서 말 속에 집어넣었더니, 마침내 온통 부풀어 올랐다." 주님의 이 말씀은 우리에게 세상의 누룩이 되라는 것입니다. 누룩은 다른 사람들의 인생을 풍요롭게 만들어 주는 사람을 일컬을 때 자주 사용하는 비유입니다. 누룩은 작고 볼품없어 보이지만, 반죽을 부풀어 오르게 합니다. 이처럼 누룩 같은 사람은 다른 사람들에게 선한 영향력을 끼치는 사람입니다.
　그렇다면 다른 사람의 인생을 풍요롭게 만들어 주는 사람은 어떤 특징을 가지고 있을까요? 당연한 말이겠지만 이러한 사람은 자기 인생을 풍요롭게 삽니다. 내 인생이 풍요롭지 않은데 다른 사람의 인생을 풍요롭게 만들어 줄 수는 없는 것이지요.

어떤 절에 사람들을 아주 편안하게 해 주는 스님이 있었습니다. 공부를 많이 하지도 않았는데 찾아가는 사람들의 마음을 아주 편안하게 해 주고, 편히 쉬게 해 주는 스님이었지요. 이 스님의 비법은 단순했습니다. **그저 무리하지 않고 쉬엄쉬엄 사는 것이었다고 합니다.**

현대 사회는 우리에게 많은 것을 배우라고 강요합니다. 눈뜨고 일어나면 새로운 정보가 감당하기 어려울 정도로 눈앞에 밀려듭니다. 그런데 문제는 우리 뇌가 이 모든 것을 다 받아들일 능력이 없을 뿐만 아니라, 그 많은 것을 다 받아들이려고 하다가는 자칫 마음의 병을 얻기 쉽다는 것입니다. 예를 들어서 사람의 위장이 받아들일 수 있는 식사량에는 한계가 있는데 음식이 좋다고, 필수 영양소라고 하면서 꾸역꾸역 먹는다면 어떤 일이 생길까요? 건강이 좋아지기는커녕 탈이 나고 말 것입니다. 마음 역시 외부의 정보를 받아들일 수 있는 양이 한정되어 있습니다. 그래서 쉬엄쉬엄 살아야 한다는 것입니다.

이렇게 자신의 인생을 무리하지 않고 쉬엄쉬엄 사는 사람이 바로 풍요로운 삶을 사는 사람이고, 다른 사람의 인생을 풍요롭게 만들어 주는 누룩 같은 사람입니다. 특히나 우리는 신앙인이기에 마음이나 몸이 바쁠수록 무리하기보다는 기도하는 시간을 충분히 가지며 쉬엄쉬엄 일을 해 나가야 합니다. 이렇게 살다 보면 어느샌가 내 곁에 있는 사람들이 나를 편안하게 여기고 나로 인해 그들의 삶도 풍요롭게 되는 것입니다.

묵상 시간

사람들이 나와 함께 있을 때 편안한 마음으로 지내는지 되돌아봅시다. 혹시라도 내가 다른 사람들을 피곤하게 하는 유형은 아닌지 내가 무엇에 쫓기듯 살고 있지는 않은지 살펴보는 시간을 가지시기 바랍니다.

마음속 동굴 탐색

루카 13,22-30

　어떤 사람이 주님께 "구원받을 사람은 적습니까?" 하고 묻습니다. 그러자 주님은 이 질문에 대답하지 않으시고 좁은 문으로 들어가라고 하십니다. 이 말씀을 심리적으로 해석해 보면 좁은 문으로 들어가기 위해 애쓰라는 것은 자기 마음을 인내하며 잘 들여다보라고 하시는 것이라고 볼 수 있습니다.

　자기 마음을 들여다보는 작업, 자기 탐색을 하는 작업은 마치 좁은 동굴에 들어가는 것과 같습니다. 그것도 아주 좁은 동굴이라 들어가기에 어렵지요. 거기다가 우리 마음 안의 동굴을 탐색하는 작업은 끝이 없습니다. 왜냐하면 그 동굴 안 곳곳에는 그동안 살아오면서 상처 입은 자아들, 보기 싫다고 해서 가둬 버린 자아들이 마치 괴물처럼, 한 맺힌 혼처럼 살고 있기 때문입니다. 그래서 많은 사람들이 그곳으로 들어가다가 줄행랑을 칩니다. 그러고는 마치 자신 안에는 그런 상처나 한이 아예 없는 양 행동합니다. 그런데 문제는 그렇게 하면 할수록 자신 안에 숨겨진 것들이 더 깊이 동굴 안으로 들어가 버려 찾기가 더욱 어려워진다는 점입니다.

그래서 동굴 안에서 만나는 것들과 얼마나 인내로이 시간을 같이 보내는가가 더욱 중요합니다. 그런데 끝까지 자신을 받아들이고 이해하려 노력하는 사람들은 그리 많지 않습니다. 인내심이 부족하기 때문입니다. 어떤 분야건 숙련된 경지에 도달하려면 거쳐야 하는 과정이 있는데, 그 중간 과정은 지루하게 반복된다는 공통점이 있습니다. 이런 평범한 반복을 인내심을 가지고 받아들이다 보면 어느 시점에 마음이 한 뼘 성숙하는 것이지요. 이러한 과정을 초기에 포기하는 사람들은 환상적이고 달콤한 결과만을 기대했던 사람들입니다. 그런 사람들은 지루하게 반복되는 과정 속에서 뿌리 없는 풀처럼 제자리에 굳건하게 머무르지 못하고 자신의 마음을 탐구하고자 하는 의지를 잃어버립니다. 그래서 예수님은 구원받을 사람이 많고 적음을 따지는 쓸모없는 논쟁을 하기보다는 자기 탐색이라는 어려운 과제를 수행하라는 뜻으로 좁은 문으로 들어가라고 하신 것입니다.

묵상 시간

남의 마음은 그토록 잘 보이는데 정작 나의 마음은 잘 보이지 않는 이유는 무엇인지 생각해 보세요.

나와 같은 사람은
없습니다

루카 14,1-6

    주님은 공생활을 하시는 내내 당신을 이해하지 못하는 율법 교사들과 바리사이들로 인하여 골머리를 앓으셨습니다. 복음에서 주님은 그들을 이해시키려고 노력하십니다만, 때로는 포기하시는 듯한 말씀을 하시기도 합니다. 그렇다면 그들이 가진 문제는 무엇이었을까요?

    '나와 남은 다르다.'라는 것을 인정하지 않는 것이었습니다. 사람은 성장 환경이 다르기에 의식이나 생각이 다를 수밖에 없습니다. 따라서 나와 대화가 되지 않는 사람들을 만났을 때에는 저 사람은 저 사람 나름대로 삶이 있고, 나는 나대로 삶이 있다고 생각해야 합니다. 우리는 주님처럼 신적인 존재가 아니라, 같은 인간이기에 인간적인 수준에서 사람을 대해야 합니다. 그렇지 않으면 바리사이들처럼 다른 사람들을 가르치고 싶어 하고 무시하는 건강하지 못한 행동을 하게 되는 것입니다.

우리는 보통 내가 하는 것은 다른 사람들도 할 것이고, 내가 좋아하는 것은 상대방도 좋아할 것이라고 생각합니다. 그래서 상대방이 나와 같은 생각을 갖도록 설득하고 강요하는 경향이 있는데, 자신과 타인을 동일시할 경우 상대방에게 상처를 입히거나 자신이 상처를 입기 쉽습니다. 상대방이 내 생각과 다른 행동을 하면 상대방을 극단으로 몰아붙인다는 것입니다. 따라서 나와 상대방이 다를 수밖에 없다는 사실을 늘 기억하고 있어야 무리하지 않고 적절한 관계를 맺을 수 있습니다. 바리사이들은 그러한 면에서 실패하여 주님께 비판을 받았던 것입니다.

그래도 영 마음에 들지 않는 사람은 어떻게 해야 할까요? 그럴 때에는 아예 **나와 다른 별에서 온 사람으로 여기는 것이** 내 마음을 편하게 하는 방법입니다. 그렇게 생각하면 짜증을 낼 일도 없고, 그를 받아들이기도 쉽기 때문입니다. 나와 다른 사람 때문에 속을 썩이면서 자기 시간을 낭비하는 사람은 그 이유가 아무리 합당하다고 하더라도 결과적으로는 자기에게 돌아올 이득이 전혀 없는 어리석은 일이라는 것을 잊지 않으면 좋겠습니다.

묵상 시간

다른 사람의 삶에 심하게 거부감을 느껴 그를 바꾸고 싶었던 적이 있었나요? 있었다면 왜 그런 마음이 들었는지 생각해 봅시다.

아픈 자아를
외면하지 마세요

루카 14,12-14

    주님께서 가난한 사람들, 장애인들, 다리 저는 이들, 눈먼 이들을 초대하라고 말씀하십니다. 이 말씀을 액면 그대로 받아들여 약하고 병든 이들을 돌보라는 말씀으로도 이해할 수 있지만, 영성 심리 관점에서 보면 자신을 돌보라는 말로 해석할 수도 있습니다.

    사람의 마음 안에는 가진 것 없는 가난한 자아, 기능을 제대로 못하는 자아들이 있습니다. 그런데 우리는 이러한 자아들을 돌보지 않고 내팽개쳐 둔 채 "열심히 살아야지.", "문제를 극복해야지.", "매사에 긍정적으로 살아야지." 하면서 다른 곳에 시선을 두려고 노력합니다. 그렇게 해서 마음속의 갈등이 해결되고 인생길이 탄탄대로에 접어들면 좋으련만, 내 안 깊은 곳에서 울고 있는 이러한 자아들은 그렇게 살도록 내버려 두지 않습니다. 언제 어느 곳에서든

불쑥 튀어나와 인생을 꼬이게 만들 수 있다는 것입니다.

우리는 긍정적인 사고를 하면 모든 일이 잘 풀릴 거라고 생각하는데, 현실적으로는 그렇지 않습니다. **긍정적 사고는 본인이 건강할 때에나 효과가 있습니다**. 건강하지 않은 몸과 마음일 때에 억지로 긍정적으로 열심히 살려고 하는 것은 환자를 채찍질하는 것과 같아서 결국에는 부정적인 결과를 초래합니다.

그러면 이러한 자아들을 어떻게 다루어야 할까요? 주님께서 가난하고 병든 이들을 초대하셨듯이 우리도 내 마음 안에 있는 가난하고 기능을 잘 하지 못하는 자아들을 초대해야 합니다. 그리고 그런 **약한 자아들을 그대로 받아들이고 인정해 주어야 합니다**. 그래야 이러한 자아들이 소외당하지 않고 정신적으로 분열을 일으키지도 않아서 내적인 힘을 가지고 긍정적으로 삶을 살 수 있습니다.

폴란드 아우슈비츠에 가면 유대인뿐만이 아니라 독일인 장애인의 유품도 있습니다. 히틀러는 우생학에 의거해 장애인은 없어져야 할 대상이라고 생각했습니다. 그래서 이들을 생체 실험의 대상으로 삼거나 학살했지요. 이는 현대 사회의 가장 어둡고 잔인한 범죄라고 알려져 있습니다. 그런데 히틀러가 이러한 행동을 한 이유 중 하나는 그가 약한 부분을 보지 않으려는 사람이었기 때문입니다. 그는 자신의 열등하고 약한 부분을 인정하지 않으려 했으며, 다른 사람이 가지고 있는 열등하고 약한 부분도 인정하지 않으려 했습니다. 결국 그는 약한 자아를 학대하면 어떤 일이 일어나는지 보여 준 최악의 사례가 된 것입니다.

묵상 시간

다른 사람을 외모, 학벌, 재산 등의 이유로 차별한 적이 있나요? 차별한 적이 있다면 혹시라도 내 안에 기형적인 부분이 있는 것은 아닌지 탐색해 봅시다.

스스로를 죄인이라고
생각하는 사람들에게

루카 16,16-17

　예수님은 "율법에서 한 획이 빠지는 것보다 하늘과 땅이 사라지는 것이 더 쉽다." 하고 말씀하시지만 사람들은 율법이라고 하면 부담을 갖습니다. 율법은 지키기 어렵고, 심리적으로 무거운 마음을 갖게 한다고 생각하기 때문입니다. 그러나 그런 생각은 율법의 존재 의미를 잘 모르는 데서 나온 생각입니다. 율법은 사람의 삶을 건강하게 만들어 주려는 뜻에서 생긴 것이지, 사람을 옭아매려고 만들어진 것이 아닙니다.

　그럼에도 불구하고 사람보다 율법이 앞서고, 하느님의 뜻보다는 율법을 따르며 사는 율법주의에 빠진 사람들이 많습니다. 율법 이면에 담긴 하느님의 마음을 봐야 하는데 율법 그 자체만을 바라보는 것입니다. 그래서 규정 자체에 얽매이고 마는 **율법주의**에 빠지고 마는 것입니다. 이러한 율법주의는 어떤 근거로 생긴 것일까요?

미국의 심리학자인 에이브러햄 매슬로는 예부터 사람들은 자신들의 본성을 과소평가해 왔다고 말합니다. 즉, 사람을 환경에 반응하여 움직이는 기계로 보거나, 잠재의식에 의해서 끌려다니는 존재, 결핍 욕구에 의해서 밀려다니는 존재로 본 것은 모두 사람의 본성을 과소평가한 것이라는 말이지요. 율법주의자들 역시 **사람은 의지가 박약하고 도덕적이지 않은 존재라서 마치 야생 동물을 길들이는 데 족쇄가 필요하듯 사람에게도 심리적인 족쇄인 율법이 있어야 한다고** 사람의 본성을 과소평가한 사람들입니다.

그런데 의외로 많은 사람들이 이러한 족쇄를 달고 삽니다. 하느님께서 나처럼 매일같이 죄를 짓고 잘못을 저지르는 사람을 받아 주실 리가 없다고 여기는 것은 이러한 율법주의와 맥이 닿아 있습니다. 이런 심리적 현상은 냉담하는 이유가 되기도 합니다. 이 사람들은 하느님께서 엄격하신 재판관이라는 생각이 대단히 커서 기도할 때 자학적으로 자신을 용서받지 못할 죄인이라고 고백합니다.

또한 자신의 종교 행위를 다른 사람들을 지배하기 위한 수단으로 사용하는 사람들도 이러한 율법주의를 지닌 사람들입니다. 심리적인 족쇄를 이용하여 사람들을 통제하려 하는 것인데 이런 사람들은 남에게 주님을 팔면서도 자신은 주님을 필요로 하지 않습니다.

에이브러햄 매슬로는 사람에게 심리적 족쇄가 필요하다는 관점을 부정합니다. 그는 사람이 자아실현을 할 줄 아는 존재, 창의적이고 자유로운 의지로 잠재력을 실현할 줄 아는 존재이며, 절정 체험[8]을 통하여 내면세계와 외부 세계를 통합시킬 줄 아는 존재라고 하였습니다. 우리 주님도 바로 그렇게 생각하셨고요. 하느님이신 주님이 당신의 목숨을 내놓고 사람을 구하고자 하신 것도 사람이 이렇게 가치 있는 존재였기 때문입니다.

묵상 시간

자기 관리를 잘하는 편인가요? 영적으로, 심리적으로, 육체적으로 나 자신을 관리하고 단련해 온 방식을 점검해 봅시다.

---

[8] 절정 체험: 심리학자인 에이브러햄 매슬로가 강조한 경지로, 자연의 순수함, 사랑의 행위, 거룩한 음악 등을 통하여 경험하게 되는 황홀하면서도 동시에 깨달음을 주는 체험을 말한다. 이는 감정과 지성 어느 한 쪽만 충족되는 경험이 아니라 이 두 가지를 모두 만족시키는 경험이다.

내가 비호감은
아닐까요?

루카 17,1-3

　예수님은 이렇게 말씀하십니다. "남을 죄짓게 하는 일이 일어나지 않을 수는 없다. 그러나 불행하여라, 그러한 일을 저지르는 자! 이 작은 이들 가운데 하나라도 죄짓게 하는 것보다, 연자매를 목에 걸고 바다에 내던져지는 편이 낫다."

　다른 사람을 죄짓게 하는 행동은 두 가지로 나누어서 생각해 볼 수 있습니다. 하나는 다른 사람에게 직접적으로 해를 끼쳐서 그 사람이 앙심을 품게 하는 경우이고, 다른 하나는 다른 사람에게 직접적으로 해를 끼치지는 않지만 그들을 불쾌하게 하여 잘못된 행동을 하도록 만드는 경우입니다. 두 번째 유형을 요즈음 말로 '비호감'이라고 합니다.

　남들에게 비호감의 대상이 되는 것이 왜 잘못된 것일까요? 자신은 아무런 잘못도 하지 않았다고 하지만, 다른 사람의 마음을 불편하게 하여 자신을 미워하고 분노하게끔 만들었기 때문입니다. 즉, '나는 왜 이렇게 속이 좁을까?', '나는 왜 이렇게 마음이 악한 것일까?' 하는 자학적인 생각을 하게 만드는 것입니다. 그런 의미에서 **다른 사람들에게 비호감의 대상이 되는 것은 본인에게 고의성이 없다고 하더라도 간접적인 죄를 짓는 것입니다.**

반대의 예를 하나 살펴보겠습니다. 마르코 복음서에 보면 주님께 보이기 위해 친구들이 지붕을 들어내고 중풍 병자를 아래로 내려 보낸 이야기가 나옵니다. 그런데 이 이야기에서 중풍 병자는 주님께 아무런 청도 하지 않습니다. 그런데도 주님은 그를 치료해 주십니다. 주님은 중풍 병자의 무엇을 보고 치료해 주신 것일까요? 그것은 바로 그의 친구들입니다. 친구들의 우정이 주님의 마음을 감동시킨 것입니다.

그런데 간과해서는 안 되는 것이 중풍 병자의 인격입니다. 이 복음 말씀을 읽으며 '평소에 사람들에게 얼마나 잘했기에 친구들이 그렇게 적극적으로 나섰을까?'라는 생각을 갖게 됩니다. 사회적으로 성공하고 공부를 아무리 많이 했어도, 사람과 관계를 맺는 데 실패하면 얻는 것보다 잃는 것이 많습니다. **나를 위해서 기꺼이 나서 주는 사람, 나를 위해서 기도해 주는 사람이 많은 사람은 행복합니다.** 이들은 누구에게나 호감의 대상이 되는 사람들입니다. 이처럼 호감이냐 비호감이냐 하는 것은 가벼운 주제가 아니라 깊이 생각해 봐야 할 인생 과제입니다.

'남들이야 뭐라 하든 말든.'이라고 하면서 독불장군처럼 사는 사람들이 있습니다. 좋게 말하면 주체성 있는 삶이지만, 현실적으로는 다른 사람들과 관계를 단절하는 삶입니다. 그렇게 살면 결국 본인이 공동체 안에서 소위 왕따를 당하게 되고, 다른 사람들의 마음을 상하게 하여 그들이 화를 내도록 하는 죄를 짓습니다. 그러니 어떤 행동을 하고자 할 때 사람들이 나를 보고 호감을 가지고 대하는지 아니면 나를 피하는지 늘 자기 주변을 돌아봐야 합니다.

묵상 시간

모임에 내가 나타났을 때 사람들이 보인 반응을 떠올려 보세요. 진심으로 나를 환영했는지, 그저 떨떠름한 표정이었는지, 아니면 아예 옆에도 오지 않으려 했는지 구체적으로 생각해 봅시다.

늘 용서받고
용서해 주어야 합니다

루카 17,3-4

 누구나 자신의 삶이 완전해지길 바랍니다. 완전한 인격을 갖추고 조금도 실수하지 않기를 바랍니다. 하지만 다시는 잘못을 저지르지 않겠다고 아무리 되뇌여도 또 잘못을 저지르고 말지요. 그래서 나이가 들고 사람에 대해 깊이 이해하게 되면서 점점 사람에게는 완전함이란 있을 수 없다는 생각을 갖게 됩니다.
 이 복음에서 주님께서 형제가 용서를 일곱 번 청하면 일곱 번 다 용서해 주라고 하신 것은 이러한 맥락입니다. 참고로 여기서 일곱 번이란 완전한 숫자를 의미합니다. 즉, 언제까지라도 용서해 주라는 뜻이지요. 주님은 사람이 얼마나 약하고 하자가 많은 존재인지 잘 알고 계십니다.
 그래서 같은 이유로 잘못을 저지른 사람을 주님은 혹독하게 심판하지 않으십니다. 주님께서 잘못을 저지른 사람을 혹독하게 심판하실 것이라는 생각은 그런 심판론을 만든 사람들의 생각일 뿐입니다. 이러한 심판론을 만든 사람은 완벽해져야 한다는 콤플렉스를 가지고 있을 확률이 높습니다. 저는 심판의 시간이란 우리에게 새로운 기회를 주시기 위한 시간이 아닐까 하는 생각을 합니다. 우리를 사랑하시며 바른 길로 인도하고자 하시는 주님의 마음을 고려해 보면 이러한 생각이 드는 것도 무리는 아닐 듯싶습니다.

저는 오랫동안 쉴 수 있는 곳을 찾아 이곳저곳을 헤맸습니다. 그러나 마음이 편한 곳, 외로움을 달랠 수 있는 곳, 내 영혼이 머무를 수 있는 곳은 어디에도 없었습니다. 그저 갈증 나고 배고프고 취한 몸뚱이를 잠시 내려놓을 수 있었을 뿐, 정신을 차리고 보면 다시 춥고 외로운 시간이 계속되었습니다.

이제 살아온 날이 살아갈 날보다 많다는 생각이 드는 나이가 되어 보니 제가 머물 수 있는 곳, 제가 마음의 평화를 가질 수 있는 곳은 오직 주님의 집뿐이라는 생각이 듭니다. 그리고 제가 그동안 해 온 일 가운데 가장 잘한 일은 용서를 해 준 일이고, 제가 고마워해야 할 일도 이런 제가 용서를 받은 일이라는 점을 나이 들어서야 깨닫습니다.

참 우둔한 인생입니다. 그래도 질책하지 않으시고, 우둔함을 깨달을 때까지 오랜 시간 기다리고 기다려 주신 주님께 감사드릴 뿐입니다.

> **묵상 시간**

한 번밖에 살 수 없는 인생, 다른 사람과 다른 나만의 인생을 어떻게 살아왔는지 지나온 삶을 천천히 되돌아보세요. 그리고 그 속에 함께 계셨던 주님을 느껴 보세요.

같이 울고
같이 슬퍼해 주는 곳

루카 17,20-21

　우리는 흔히 하느님 나라는 사람이 죽어서 가는 곳이라고 생각합니다. 그러나 주님은 "하느님 나라는 너희 가운데에 있다." 하고 말씀하십니다. 이는 곧 하느님 나라는 사람과 사람 사이에 있음을 강조하신 것이라고 볼 수 있습니다.

　사람은 관계 속에서 태어나 관계 속에서 죽습니다. 사람에게 생기는 대다수의 문제는 관계 속에서 생기는 것이지요. 그러므로 이 관계가 건강하여 문제가 일어나지 않는 공동체를 하느님 나라라고 볼 수 있습니다. 바로 우리 주위, 우리 이웃과 건강하게 관계 맺고 살 때 비로소 그 공동체는 하느님 나라가 된다는 것입니다.

　사람은 삶이 힘겨울 때 누군가가 자기 손을 잡고 같이 울어 주기를 바랍니다. 내 감정에 공감하고 나를 걱정해 주는 누군가가 있다는 사실이 내가 살아야 할 이유를 깨우쳐 주기 때문입니다. 그래서 오스트리아 출신 심리학자인 브루노 베텔하임은 "나를 아우슈비츠 수용소에서 살아남게 한 힘은 누군가 밖에서 나의 운명을 염려하고 있다는 작은 믿음이었다."라고 하였습니다.

프란치스코 교황님이 기도와 단식은 하느님을 사랑하고 이웃을 사랑하기 위한 수단이지, 그것 자체가 목적이 아니라고 말한 것도 이와 비슷한 의미입니다. 기도는 내 마음 안에 낀 영혼의 두꺼운 때를 씻어 내기 위한 것으로 기도를 통해 마음을 씻어 내면 자신뿐만 아니라 이웃이 보이고, 하느님이 눈에 들어옵니다. 그래서 기도는 나와 다른 사람, 그리고 하느님과의 관계를 만들어 주고, 서로의 삶을 나누는 통로를 만들어 주는 거룩한 행위이지요. 기도를 아무리 많이 해도 그 기도가 오로지 자신과 자기만족을 위한 것이고 다른 사람들을 위해 울어 주는 것이 아니라면 그 기도는 진정한 기도가 되기 어렵습니다.

단식 역시 비슷합니다. 하루에 몇 끼를 굶었는가 하는 것은 중요하지 않습니다. 그보다 내가 가진 것을 얼마나 가난한 사람들과 나누었는가, 내가 얼마나 희생하는 마음으로 다른 사람들을 도왔는가 하는 것이 중요하지요. 고기를 먹지 않고 밥을 먹지 않는 행위 자체보다 내가 먹지 않은 고기와 밥을 이웃에게 나누어 주는 것이 진정한 단식이라는 것입니다. 아무리 며칠을 굶어도 이웃을 위하는 마음이 없다면 그것은 다 부질없는 자기만족에 지나지 않습니다.

물론 어떤 사람도 나의 상실감이나 슬픔을 완전히 해결해 줄 수는 없습니다. 그러나 그들이 적어도 황량한 내 마음에 추운 바람이 드는 것을 막아 주는 벽과 같은 역할을 해 줄 수는 있습니다. **슬픔은 관계 안에서 생깁니다. 그리고 슬픔을 희석시키고 감소시키는 것도 역시 관계 안에서 이루어집니다.** 따라서 마음이 힘겨울 때 괜히 강한 척 혼자 있지 말고, 같이 울고 같이 슬퍼해 줄 수 있는 이들에게 가야 합니다. 그러한 이들이 있는 곳이 바로 하느님 나라입니다. 그리고 모든 사람이 이기적인 성향을 버리고 서로 나누는 삶을 살려고 할 때에, 온 세상이 하느님 나라가 될 것입니다.

묵상 시간

나와 희로애락을 함께하는 사람들의 이름을 써 보고 그들과의 추억을 되새겨 보세요.

제4장

약한 나를 고백할 때
진정한
힘이 생깁니다

나르시시즘에는 약도 없습니다

루카 18,9-14

예수님은 이 복음에서 자신을 의롭다고 자신하는 바리사이와 자신의 죄를 뉘우치는 세리의 예를 드십니다. 복음에 나오는 바리사이는 자신이 아주 특별한 사람이라고 생각합니다. 그는 왜 자신을 그렇게 여겼을까요? 아마도 내적으로 성장하지 못했기 때문이라 생각됩니다.

부모의 기대가 지나친 아이들, '우리 아이는 커서 대단한 사람이 될 거야.'라는 말을 듣고 자란 아이들은 '만약 내가 그렇게 되지 못한다면 어떡하지?' 하는 불안감을 가지고 삽니다. 이 불안감이 자아의 성장을 방해합니다. 세상 밖으로 나가는 것이 두려워서, 자신의 마음에 다가오는 모든 자극을 차단시켜 버리기 때문입니다. 그래서 아무것도 느끼지 못한 채 세상과 동떨어져서 살아갑니다. 그러고는 세상 사람들을 시시하고 우습게 보고 자신을 아주 대단한 사람이라고 생각하며 그 착각 안에서 살아갑니다. 그리고 이런 상태로 어른이 되어서는 자신만의 벽 안에서 사는 방법을 터득합니다. 특히 종교라는 벽은 이들에게 아주 훌륭한 도피처이자, 자신들의 무능력을 감출 수 있는 아주 좋은 보호막입니다.

이들은 종교라는 벽 뒤에 숨어서 다른 사람들을 공격하고 비난하면서 자기도취에 빠져 삽니다. 그래서 주님은 바리사이들이 의롭지 못하다고 하신 것입니다. 바리사이들이 가진 이러한 정신적 문제를 정신 의학에서는 **나르시시즘**[9]이라고 규정합니다. 오늘날에는 나르시시즘을 다음과 같이 진단하고 있습니다.

1. 자신을 대단히 훌륭하다고 평가한다.
2. 성공이나 권력에 대한 환상, 아름다움에 대한 환상, 이상적 사랑에 대한 환상을 가지고 있다.
3. 자신이 특별한 존재라고 믿는 경향을 보인다.
4. 사람들에게 과도한 존경을 바라고, 특권 의식이 있다.
5. 대인 관계에서 남을 착취하며, 공감 능력이 결핍되어 있다.
6. 과도한 선망과 질투를 하고 건방진 태도와 행동을 보인다.

---

9 나르시시즘: 자아의 중요성이 너무 과장되어 자기 자신을 너무 사랑하는 것을 뜻하는 용어.

이러한 성향을 가진 사람들은 타인을 사랑할 수 없고, 오히려 타인을 착취하고 이용하는 경향이 있습니다. 그래서 시간이 갈수록 사람들이 꺼리는 기피 대상이 되고 맙니다.

이런 나르시시즘에는 약이 없습니다. 나르시시즘에 빠진 사람들은 간혹 인간관계에 문제가 생겨 정신과 치료를 받기도 합니다. 그러나 이러한 사람들은 치료를 받는다는 사실을 자존심이 허락하지 않는 경우가 많아 치료가 잘 되지 않습니다. 그래서 바리사이들은 하느님의 아드님이신 예수님과 동시대에 살면서도 그분을 받아들이지 못하는 어리석음을 저질렀고, 자신들의 과오가 후손에게까지 미치는 못난 조상이 되고 만 것입니다.

묵상 시간

사람들 앞에서 지나치게 나를 내세운 적은 없나요? 다른 사람들에게 원하는 만큼 인정받지 못해서 속상한 적은 없나요? 이런 경험이 있다면 왜 그랬는지 자기 분석을 해 봅시다.

지옥은 꼭 죽어서
가는 곳이 아닙니다

루카 18,24-25

어떤 권력가가 예수님께, "선하신 스승님, 제가 무엇을 해야 영원한 생명을 받을 수 있습니까?" 하고 물었습니다. 그때 예수님은 "가진 것을 다 팔아 가난한 이들에게 나누어 주어라. 그러면 네가 하늘에서 보물을 차지하게 될 것이다. 그리고 와서 나를 따라라." 하십니다. 그러고는 "재물을 많이 가진 자들이 하느님 나라에 들어가기는 참으로 어렵다!"라고 덧붙이십니다.

그런데 이 복음에 나오는 권력가를 그저 재물이 많은 사람이라고만 생각한다면 그것은 이 복음을 피상적으로 해석한 것입니다. 이 복음 구절에는 더 중요한 이야기가 숨겨져 있기 때문입니다. 한번 권력가가 하는 이야기를 따라해 보세요. 그러면 이 권력가가 심리적으로 성숙하지 못한 사람, 세상살이를 자기 마음대로 할 수 있다고 생각하는 교만한 사람이라는 점을 알 수 있을 것입니다.

성숙한 사람이 되려면 여러 가지 조건을 갖추어야 합니다. 우선 **자기 한계를 깨달아야** 합니다. 우리는 성장하면서 많은 일을 통해 좌절과 실망을 경험하고 꿈과 현실의 차이를 깨닫습니다. 즉, 원하는 것을 얻는 법을 배우고, 이룰 수 없는 것을 포기하는 법을 배웁니다. 그래서 세상이 내 마음대로 되어야 한다는 유아적인 전지전능감에서 벗어납니다.

둘째로 관계의 소중함을 깨닫고 **다양한 관계를 맺기 위해 노력해야 합니다.** 우리는 때로는 사람을 떠나보내기도 하고 혼자가 된 시간을 가지기도 하면서 사람은 혼자가 아니라 여럿이 살아야 한다는 것을 깨닫고 사람의 소중함을 깊이 인식하게 됩니다.

이 복음에서 권력가는 유아적인 전지전능감에서 벗어나지 못한 사람이었습니다. 세상이 자기 마음대로 된다고 믿는 사람이었지요. 그래서 그는 예수님께 와서 너는 잘하고 있다는 답을 듣고자 한 것입니다. 굳이 유명한 스승이신 예수님을 찾아가 질문을 한 것도 이러한 맥락이지요. 그러나 주님은 권력가가 원한 답을 하지 않으셨습니다.

예수님은 그의 성숙하지 못한 마음, 교만한 마음을 보시고 이를 드러내는 답을 하십니다. 큰 욕심을 가지고 있으면서 영원한 생명도 탐하는 그의 마음에 일침을 놓으신 것입니다. 그럼에도 그 권력가는 더 중요한 무언가를 위해 자신이 가진 것을 조금도 포기할 수 없었습니다.

지옥은 꼭 죽어서 가는 곳이 아닙니다. 자신이 가진 것을 조금도 포기하지 못할 때, 다른 사람을 존중하지 못하고, 그들을 내 배를 채우기 위한 희생물로만 여길 때, 세상을 다른 사람과 함께 사는 것으로 인식하지 못할 때 이미 그 사람의 마음은 지옥 같은 상태에 있는 것입니다. 그러니 지옥에서 벗어나기 위해서 자신이 가진 것을 모두 내려놓는 지혜가 필요합니다. 주님이 하시는 말씀을 마음에 새겨 듣고 주님을 위해 나는 무엇을 포기하고 내놓았으며, 무엇을 나누고 살고 있는지 한번 깊이 묵상해 보시기 바랍니다.

묵상 시간

나는 성숙한 사람인가요? 살면서 얻고자 한 것이 무엇이고, 무엇을 포기하고 있는지 생각해 보는 시간을 가져 보시기 바랍니다.

# 사람이 가질 수 있는 최고의 행복은

루카 18,28-30

먹고 사는 것에 쪼들리다 보면 돈이 많을수록 행복해질 것이라는 생각이 듭니다. "개처럼 벌어서 정승처럼 쓴다."라는 말은 이런 생각에서 나온 말이 아닐까 합니다.

그런데 심리학자들은 '소득이 많아지면 더 행복해질 것이다.'라는 말은 맞지 않다고 합니다. 미국의 심리학자 데이비드 마이어스는 이렇게 말합니다. "극도의 빈곤으로 기본적 의식주가 충족되지 않는 경우를 제외하고는 **물질적인 부와 행복 사이에는 거의 아무런 상관관계를 찾을 수가 없다**. 지난 오십 년간 많은 사람들이 더 부유해졌지만, 행복 수준은 증가하지 않고 오히려 줄어들고 있다. 왜냐하면 간절히 원하던 부를 얻고 나면 찾아오는 것은 우울함이기 때문이다. 행복에 대한 환상이 깨지자 허무감이 몰려오는 것이다."

그런데 사람은 왜 정서적 기준보다 물질적 기준에 따라서 결정을 내리는 것일까요? 데이비드 마이어스는 사람이 원시 시대부터 축적을 해 오던 것이 무의식화되어서 그렇다고 말했습니다. 마음 안에 혹독한 시절에 대한 불안감이 있기에 본능적으로 축적을 하게 된다는 것입니다. 그래서 어떤 철학자는 냉소적으로 "사람은 살기 위해 모으지 않고 모으기 위해 산다."라고까지 말하였던 것입니다.

그러면 사람이 진정으로 행복해지려면 어떻게 살아야 할까요? 가장 중요한 것은 사랑입니다. 사람은 사랑을 주고받아야 하는 존재입니다. 다시 말해 **사랑과 관심이야말로 사람의 마음을 행복하게 해 주는 가장 중요한 요소라는 것입니다.** 아무리 돈이 많아도, 아무리 좋은 약을 많이 먹어도 사랑받지 못한다면 아무런 소용이 없습니다. 그래서 바오로 사도가 그토록 사랑의 위대함을 노래했던 것입니다.

하지만 사랑과 관심은 그것을 구하려고 할수록 더 얻기 힘든 성질이 있습니다. 특히나 사랑과 관심을 한 군데에만 집중시키면 집착이 되기 쉽습니다. 그렇다면 우리는 어떻게 사랑해야 할까요? 우리는 복음 구절에서 그 단서를 잡을 수 있습니다.

예수님은 말씀하십니다. "누구든지 하느님 나라 때문에 집이나 아내, 형제나 부모를 버린 사람은 현세에서 여러 곱절로 되받을 것이고 내세에서는 영원한 생명을 받을 것이다." 이 말씀은 일견 사랑과는 정반대 이야기인 것 같습니다. 가장 사랑해야 할 것을 버리라는 의미처럼 보이기 때문입니다. 그러나 집이나 아내, 형제, 부모는 우리가 자연적으로 가장 먼저 챙기는 사람들입니다. 오히려 과하게 사랑하거나 관심을 보이기 쉬운 대상들입니다. 그러니 예수님의 이 말씀은 가까운 사람들만 챙기지 말고 이웃들과 화목하게 지내며 자기와 관계 없는 가난한 사람이나 병든 사람들, 가장 소외받은 사람들도 함께 챙기라는 의미입니다. 그럴 때에 사람들에게 가장 사랑받을 수 있고, 주님께 영원한 생명도 얻을 수 있다고 말씀하신 것입니다.

돈을 아주 많이 벌어도 나누지 않는 사람은 죽어서도 미움을 받습니다. 반면 나눔을 실천해서 주위 사람들을 따뜻하게 해 준 사람은 비록 이름이 알려지지 않았을지라도 사람들의 마음속에 감사한 마음으로 오래도록 살아 있습니다. 그리고 그러한 감사한 마음이 세상을 밝게 빛나도록 하고, 하늘에 쌓이는 것입니다.

묵상 시간

내가 추구하는 행복은 어떠한 것인지, 나는 어떤 나눔을 실천하며 살고 있는지 생각하는 시간을 가져 보시길 바랍니다.

하느님은 나를
버리지 않으실 거라고

루카 19,1-10

　심리 치료에서는 자기를 무가치하게 여기거나 미워하지 말라고 합니다. 그런 마음을 갖게 되면, 물질적인 것과 성취에만 몰두하게 되고 과로하게 되기 때문입니다. 그런데 복음에 나오는 세관장이고 부자인 자캐오는 바로 이런 인물이었던 것 같습니다.

　그는 자신을 스스로 받아들이지 않았을 뿐만 아니라, 다른 사람에게도 받아들여지지 않았던 사람으로 보입니다. 그는 주님을 보기 위해 다른 사람들을 헤치고 앞으로 나아가지 못했습니다. 오히려 나무에 올라갔습니다. 그는 어쩌면 예수님께 가까이 가기에는 자신이 너무나도 죄인이라는 생각을 했을지도 모릅니다. 게다가 예수님께서 그의 집에 묵겠다고 했을 때 사람들이 "저이가 죄인의 집에 들어가 묵는군." 하고 투덜거렸다는 대목에서 다른 사람들도 자캐오를 죄인으로 생각하고 있었다는 것을 알 수 있습니다.

그러나 예수님은 그러한 그를 부르십니다. "자캐오야, 얼른 내려오너라. 오늘은 내가 네 집에 머물러야 하겠다." 하고 말입니다. 자캐오는 그런 예수님의 부르심을 기쁘게 맞아들입니다. 그리고 예수님께 "보십시오, 주님! 제 재산의 반을 가난한 이들에게 주겠습니다. 그리고 제가 다른 사람 것을 횡령하였다면 네 곱절로 갚겠습니다." 하고 말하지요. 이는 바로 그가 회개하였음을 알려 줍니다.

회개란 무엇일까요? 신학자인 폴 틸리히는 "회개란 자신을 받아들여 주지 않을 거라는 느낌이 든다고 하더라도 받아들여 줄 거라는 용기를 갖는 것"이라고 하였습니다. 회개를 위해서는 나 자신이 아무리 미워도, 그래도 하느님은 나를 버리시지는 않을 것이라 믿는 마음이 필요합니다. 그런 마음이 어둠 속에서, 텅 빈 광야에서 헤매는 영혼을 주님 곁으로 이끌어 줍니다.

그런데 이런 마음은 너무나 약하고 가늘어서 늘 불안할 수밖에 없습니다. 그렇기 때문에 누구나 자기를 받아들이기 위해서는 먼저 중요한 누군가에게 받아들여지는 경험을 해야 합니다. 아주 중요한 누군가가 "당신은 용서를 받았다."라고 해 주어야, 내 마음 안의 실낱같이 가늘고 여린 회개의 마음이 활발해져서 자기를 받아들이게 됩니다. 그때부터 비로소 자기 인생을 건강하게 만들어 갈 수 있습니다. 가톨릭 신자들이 고해소에서 사제에게 사죄경을 듣는 것은 이러한 심리적 치유 효과를 얻는 것입니다.

주님께서 돌무화과나무에 올라간 자캐오를 부르십니다. 그것은 스스로를 받아들이지 못하는 자캐오를 받아들여 주심으로써 그의 병든 인생을 고쳐 주시려는 것이었습니다. 그리고 주님은 우리도 그렇게 부르시고 받아들여 주십니다.

묵상 시간

주님께서 나를 받아 주신다고 느꼈던 적이 있나요? 그때의 상황과 마음이 어땠는지 되돌아보시길 바랍니다. 그리고 자신이 버림받았다는 느낌이 들었을 때에는 어땠는지 자신의 삶을 되돌아보시길 바랍니다.

하기 싫은 일을
해야 할 때

루카 19,28-40

인생을 살다 보면 하기 싫은 일, 만나기 싫은 사람들, 가고 싶지 않은 곳 등이 생깁니다. 이럴 때에는 어떻게 해야 할까요? 어떤 사람은 피할 수 없으면 즐기라고 합니다만, 사람이 어떻게 하기 싫은 일을 즐길 수 있겠습니까? 예를 들어서 내가 싫어하는 사람과 식사하는 것을 즐긴다는 것이 쉬운 일인가요?

신학교에서는 식사 시간에 자기 마음대로 친한 사람들과 앉게 하지 않고, 정해진 자리에 앉게 하고, 별로 좋아하지 않는 사람들과 식사를 하게 합니다. 몇 년을 거듭해도 그런 자리가 즐겁다는 생각은 들지 않더군요. 싫은 것은 싫은 것일 뿐이고 그냥 견디는 것일 뿐이지요. 그런 것을 즐기라고 하는 것은 그 자체가 또 다른 스트레스를 주는 것입니다.

그렇다면 싫은 일을 그대로 두어야 할까요? 저는 상담을 하면서 "알겠는데요. 하지만"이라고 하면서 싫은 일을 피하려고 하는 사람들과 많이 만납니다. 답을 말해 주어도 수긍하거나 동의하지 못하고 변명하는 경우도 많습니다.

"마음을 위해 기도하는 것이 좋습니다."

"하지만 일이 많아서요."

"운동을 하셔야 합니다. 그래야 병이 낫지요."

"하지만 시간이 없어서요."

"네, 그렇게 하겠습니다."라고 하지 않고, '하지만'이라고 하는 사람들은 자신을 도와줄 사람을 도망가게 하고, 들어올 복을 차 버리는 사람들입니다. 결과는 얻고 싶지만 힘든 노력은 하기 싫어하기 때문입니다.

아무리 싫은 일이라고 해도 내게 꼭 필요한 일이라면 빨리 해치워 버리는 것이 좋습니다. 왜냐하면 쌓아 두고 미룰수록 싫은 일을 해야 한다는 강박적인 생각이 나를 힘들게 하고, 지치게 하고, 실패감을 자아내기 때문입니다. **차라리 빨리 해치워 버리고 나면 일종의 쾌감, 승리감을 맛볼 수 있습니다. 이것을 일컬어 '승자 효과'라고 합니다.** 이 승자 효과는 상당히 큰 긍정적인 에너지를 줍니다. 자신이 바라는 것을 얻지 못하더라도 세상을 보는 안목이 넓어지는 결과와 할 수 있다는 쾌감과 승리감을 얻을 수 있는 것입니다.

그러나 아무런 시도도 움직임도 하지 않으려는 사람들은 아무리 기도를 많이 하여도 하느님께서 도와주실 수가 없습니다. 하느님은 적극적으로 자신의 삶을 만들려고 하는 사람들과 함께하시기 때문입니다. 세상 탓만 하는 사람과 "일단 한번 해 볼게요." 하며 실행해 보는 사람 가운데 누가 더 마음에 드나요? 사람의 마음이나 하느님의 마음이나 다르지 않습니다.

주님은 예루살렘에 입성하기 싫으셨습니다. 예루살렘 성문이 그분을 재판하고 죽음의 길로 이끌려고 입을 벌리고 있었습니다. 그 길로 얼마나 들어가기 싫으셨을까요? 그 길로 들어가는 한 걸음 한 걸음이 고통이셨을 것입니다. 그러나 그런 곳으로 주님은 망설이지 않고 서슴없이 들어가십니다. 이런 까닭에 부활하신 주님의 모습을 그릴 때 승리한 임금과 같은 모습으로 그리곤 하는 것입니다.

묵상 시간

지금까지 살아오면서 정말 하기 싫었던 일이 있었다면 적어 보세요. 그리고 그 일을 어떻게 처리했는지 떠올려 보세요.

화날 때
참지 마세요

루카 19,45-48

주님께서 성전에서 장사하는 사람들에게 분노하시어 그들을 쫓아내십니다. 어떤 사람들은 주님의 이런 모습을 보고, 주님께서 지나친 행동을 하신 것은 아닐까 생각하기도 합니다.

주님은 사람들의 마음의 병을 치유하시는 데 아주 많은 노력을 기울이신 분이며, 사람이 어떻게 살아가야 건강하고 행복하게 사는지에 대해 수많은 가르침을 주신 분입니다. 그러한 주님이 복음에서 분노하는 모습을 보이시는 것은 사람들에게 잘못된 점을 일깨우기 위한 특단의 조치라고 볼 수 있습니다. 심리학적으로 보면 이러한 주님의 행동은 자기 마음의 건강을 지키기 위한 방법 가운데 하나를 몸으로 보여 주신 것이라고 볼 수 있지요.

교우 중에는 다른 사람들에게 화가 나도 그것을 표현하지 못하는 사람들이 의외로 많습니다. 신자로서 화를 낸다는 것이 합당치 않다는 것입니다. 문제는 외부 자극에 의해서 발생한 분노를 외부로 발산하지 못하면 그 분노가 자신의 내부로 향하게 된다는 것입니다. 그래서 심리적으로 심한 갈등과 혼란을 겪어야 하고, 마음이 얼어붙어 버리는 지경까지 다다르게 됩니다. 신체적으로도 근육이 굳어 버리고 경직되는 현상이 나타납니다.

그러면 왜 분노를 외부로 발산하지 못하는 것일까요? **어린 시절의 상처를 서둘러 봉합하고 막아 버리는 습관이 몸에 배어서 그런 것입니다.** 상처를 들여다봐야 문제의 본질을 알 수 있는데, 상처가 있다는 것조차 인정하기 싫을 때에는 자신의 상처를 외면하게 되고, 본성적인 감정들을 억압하게 됩니다. 그리고 이런 일련의 행동 패턴들로 인하여 분노를 외부로 발산하지 못하는 것입니다.

이런 사람들을 치유하는 방법은 자기 이해, 자기 발견입니다. 즉, **자기 통찰을 얻기 위한 노력을 기울이는 것이 필수적입니다.** 이것을 **지적인 통찰**이라고 하는데, 이런 자기 이해를 위한 노력을 기울이다 보면 어느 순간인가 '의미 있는 순간'을 갖게 됩니다. 아주 짧은 순간이지만, 그 순간에 당사자는 지금까지 살아온 인생이 파노라마처럼 스쳐 지나가며 그동안 살아온 인생이 어떤 의미였는지를 이해하게 되는 희열을 얻습니다. 이것을 일컬어 **'정서적 통찰'**이라고 합니다. 이런 통찰의 기회를 얻은 사람은 그 순간에 큰 웃음을 터트리거나, 통곡을 하는 등 격렬한 감정 체험과 더불어 마음의 후련함을 얻습니다. 그리고 그 후로는 자기감정을 표현하는 데 자유로움을 갖게 됩니다. 그래서 어떤 사람이 되려고 노력하지 말고, 있는 그대로의 자기를 받아들이는 훈련을 해야 하는 것입니다.

묵상 시간

마음속에 꾹꾹 눌러 놓고 사는 문제들이 있나요? 힘든 마음을 혼자 삭히고 사느라 괴로웠던 적은 없나요? 그런 마음을 참았을 때 어떤 결과가 있었는지 떠올려 보세요.

바로 옆에
행복이 있습니다

루카 21,29-38

　우리는 행복을 추구하는 존재입니다. 열심히 땀 흘리며 사는 사람에게 왜 그렇게 열심히 사느냐고 물으면, 열이면 열, 행복하게 살려고 노력하는 중이라고 합니다. 그런데 문제는 그 행복이란 것이 늘 지금의 행복이 아닌, 내일 혹은 내년 혹은 몇십 년 후의 행복인 경우가 많다는 점입니다. 앞날의 행복을 위해서 지금이라는 시간을 사용하는 것입니다.

　우리는 왜 이렇게 앞날의 행복을 위해서 살까요? 이는 자신의 실력, 가치, 주변 환경을 현실보다 낮게 평가하는 데서 비롯됩니다. 자기 자신이 가진 것이 너무 없다고 생각할 때 미래를 준비하는 일에 쫓기며 살게 됩니다.

　물론 미래를 준비해 가는 자신의 모습을 보면서 작은 행복감이라도 느낀다면 다행입니다. 그러나 많은 사람들이 그렇지 않습니다. 오히려 조금이라도 실패를 하면 좌절감에 빠지거나, 심지어 건강마저 심하게 해치는 경우가 많습니다. 그래서 영성가들은 그렇게 숨 가쁘게 가다가 지치거든 걸음을 멈추고 자신의 삶 주변을 보라고 권합니다. 잠시 주변을 둘러보면 먼 미래가 아닌 자신의 바로 옆에 행복이 있음을 보게 되기 때문입니다.

예수님은 "너희는 앞으로 일어날 이 모든 일에서 벗어나 사람의 아들 앞에 설 수 있는 힘을 지니도록 늘 깨어 기도하여라."라고 하셨습니다. 저는 이 복음 구절을 보면서 사람의 아들 옆에 설 수 있는 힘이 무엇일까 오랫동안 의문을 가졌습니다. 그러다가 어느날 깨달은 것이 있습니다. '늘 깨어 기도하면서 바로 옆에 행복이 있음을 보라고 하신 것이로구나. 그렇게 하여 감사하는 마음을 잊지 말라고 하신 것이로구나.' 하는 깨달음을 얻은 것입니다.

자신의 바로 옆에 행복이 있음을 보게 되면 감사하는 마음을 갖게 됩니다. 감사하는 마음이 단지 긍정적 마인드를 형성하는 데 도움을 줄 뿐이라고 생각할지 모르겠지만 감사하는 마음은 내 인생이 내 힘만으로 만들어지지 않았다는 것을 깨닫게 해 줍니다. 이런 마음을 지니게 되면 나를 이끄는 힘을 인지하게 되고, 자신도 모르게 영적 존재를 감지하는 능력을 지니게 됩니다.

감사하는 마음은 우리에게 많은 것을 줍니다. 하느님, 성모님의 사랑을 느끼게 해 주고, 나를 도와준 사람들의 존재를 느끼게 해 주며, 사람들이 자신에게 다가오게끔 마음에서 향기가 나도록 해 줍니다. 한마디로 감사하는 마음은 사람을 부자로 만들어 주는 마력이 있습니다.

묵상 시간

내가 현재 갖고 있는 것을 쭉 써 보세요. 그리고 그것을 갖기 위해 내가 한 노력은 무엇인지 생각해 보세요.

성찬례의 기원인 최후의 만찬

루카 22,7-13

최후의 만찬은 성찬례의 기원이 된 자리입니다. 미사성제가 시작된 기원이지요. 또한 최후의 만찬은 어려운 상황을 맞을 사람들에게 무엇을 해 주어야 할지를 보여 준 자리이기도 합니다.

우리는 흔히 "밥이나 같이 먹자."라는 말을 쉽게 합니다. 그러나 같이 식사를 한다는 것은 심리적으로 중요한 의미가 있습니다. 우리는 마음이 맞는 사람들과 같이 밥을 먹으려고 하지, 싫어하는 사람들과는 같이 식사하려 하지 않습니다. 행여 그런 자리에서 식사를 하면 돌을 씹어 먹는 듯 음식이 입안으로 잘 들어가지 않습니다. 이처럼 같이 식사한다는 것은 사람에게 심리적으로 상당한 영향을 미치기 때문에, 가능하면 식사는 즐거운 마음으로 함께할 사람들하고 해야 합니다.

그런데 주님은 그런 원칙을 깨시고 제자 모두에게 같이 식사하자고 하십니다. 이는 제자들에게 심리적인 안정감을 주려고 하신 것입니다. 사람은 마음이 불안하면 올바른 판단을 할 수 없습니다. 궁지에 몰리면 평소와는 다르게 비이성적으로, 그리고 가장 미숙한 방법으로 자신의 삶을 몰아가지요. 주님은 당신이 앞으로 당할 수난 동안에 제자들이 겪어야 할 심리적인 불안감을 예상하시고, 그들의 마음에 안정감을 주어서 나중에 두려움을 덜 수 있도록 배려하시는 자리를 마련하신 것입니다. 어쩌면 유다마저도 마음을 돌이키지는 못할지라도 자살을 하는 것만큼은 막고자 하신 자리인지도 모른다는 생각이 듭니다.

주님의 만찬은 미사성제를 통하여 현재까지 그 깊은 의미가 전해져 내려오고 있습니다. 불안에 쫓기며 사는 우리에게 주님의 만찬인 미사는 주님께서 우리와 함께하신다는 것을 알려 줌과 동시에 세파를 헤치며 나가는 힘을 줍니다. 그러므로 미사는 주님께서 우리에게 주신 가장 큰 선물 가운데 하나입니다.

묵상 시간

한 달에 몇 번이나 미사를 드리시나요? 성체를 모시며 어떤 생각을 자주 하나요? 오늘 여러분이 성체를 모실 수 있다면 어떤 기도를 할 것인지 마음속에 떠올려 봅시다.

유다가 했던 실수

루카 22,14-23

　유다 이스가리옷은 주님을 해칠 생각을 합니다. 그렇다면 그는 무슨 이유로 이런 생각을 하게 된 것일까요?

　우리는 인생을 살아가면서 수많은 사람을 만납니다. 그런데 간혹 죽이고 싶을 정도로 미운 사람도 만날 때가 있습니다. 왜 그런 일이 생길까요? 상대방의 문제도 있겠지만, '**지나친 이상화**'라는 자기 문제로 인하여 생기는 경우가 많습니다. '**사람이라면 최소한 이렇게 살아야 한다.**'라거나 '내가 존경하는 사람이라면 적어도 이런 수준으로 살아야 한다.'라는 식의 이상화가 문제의 원인이라는 것입니다.

　이상화가 심한 사람들은 사람이건 일이건 자신이 원하는 만큼 되지 않으면 걷잡을 수 없는 분노에 빠집니다. 이렇게 세상일이 자기 마음대로 되지 않는다고 화를 내는 것은 심리적인 상태가 미성숙하기 때문입니다. 유아적인 사고방식이 그런 불편한 감정을 만들어 내는 것입니다. 유다는 주님이 이스라엘을 로마의 지배에서 해방시켜 주실 강력한 메시아이자 기적의 힘으로 세상을 바꿔 주실 분이라고 생각했습니다. 그런데 주님은 유다가 생각했던 것과는 다른 분이셨습니다.

주님은 제자들에게 최선을 다하셨습니다. 제자들이 당신의 길을 따라오도록 수많은 말씀을 해 주셨고, 수많은 기적을 목격하게 해 주셨습니다. 그런 뒤, 선택은 제자들의 몫으로 넘기셨습니다. 심지어 그 선택이 당신을 팔아넘기는 선택일지라도 존중해 주신다는 의미로 친교의 자리인 식사 자리에 그 제자를 초대해 같이 식사하셨습니다. 주님은 이렇게 전지전능하신 하느님이자 인간에게 자비를 베푸시기 위하여 무기력함을 선택하신 하느님이셨습니다.

유다는 주님을 자기 멋대로 이상화하였다가 주님이 자기 마음과는 다르자 불만이 쌓이고 분노가 생겨 주님을 죽이려는 마음을 갖게 되었습니다. 지나친 이상화로 인한 지나친 실망감이 살해 욕구를 부추긴 것입니다.

다른 사람들과 살면서 불만이 없는 사람은 없습니다. 그러나 자기 자신이나 다른 사람들에 대하여 불만을 심하게 갖는 사람들은 자기 문제를 먼저 보아야 합니다. 즉, 자신의 미성숙함을 인지하고 좀 더 성숙해지기 위해, 어른스럽게 살기 위해 노력해야 합니다. 그러려면 자신이나 상대방에 대하여 너그러워지는 훈련을 해야 합니다. 너그러움을 배우는 과정이 어른이 되는 과정이기 때문입니다.

그러면 너그러워지기 위해서는 어떻게 해야 할까요? 다른 사람에 대한 기대를 내려놓고, 지나친 이상화를 포기해야 합니다. 또한 세상은 이래야 하고, 나는 이래야 한다는 자기 규정에서 벗어나야 합니다. 그래야 자신에게 좀 더 너그러워지고, 그런 너그러움을 바탕으로 다른 사람들에게도 너그러워질 수 있습니다.

주님을 팔아넘긴 유다는 우리와 아주 다르지 않습니다. 우리도 유다와 같은 실수를 할지도 모르지요. 그러니 자신과 다른 사람들에게 감당하기 어려운 분노가 일어날 때, 혹시 지나친 이상화라는 덫에 걸리지는 않았는지 자신의 문제를 살펴보아야 할 것입니다.

묵상 시간

나는 스스로를 어떻게 생각하나요? 자신을 정당하게 평가하고 있나요? 나 자신의 평가와 다른 사람의 평가는 어떻게 다른지 분석해 보시길 바랍니다.

사람의 마음을
움직이려면

루카 22,24-27

개인이건 국가건 성공한 사례를 살펴보면 사람의 마음을 샀다는 공통점을 찾을 수 있습니다. 중국의 철학자인 순자는 이런 말을 하였습니다. "마음은 육체의 군주이고, 지혜의 지배자이다. 마음은 명령을 내리지만 명령을 받아들이지는 않는다. 스스로 금지하고, 스스로 행사하며, 스스로 쟁취하고, 스스로 선택하고, 스스로 행동하며, 스스로 그만둔다. 말을 하지 않으면 입을 열게 해서 말을 하게 할 수 있고, 몸을 움직이려 하지 않으면 강제로 움직이게 할 수 있지만, 마음은 강제로 바꿀 수는 없다." 사람의 마음을 사지 않으면 사람을 움직이지 못한다는 말입니다.

페르시아 제국에 점령당한 지역 주민들은 자발적으로 페르시아 황제에게 조공을 바쳤다고 합니다. 페르시아의 황제들은 언어나 종교 등 정복한 여러 민족 고유의 풍습을 존중해 주고 사람들의 마음을 샀기 때문입니다. 그래서 바빌로니아로 쫓겨난 유대인들이 조상의 땅을 다시 찾고 그들의 신전을 세우는 일을 허락받기도 하였습니다. 몽고도 무력으로 대제국을 이루기는 했지만 각 지역의 문화나 종교를 보장하는 관용 정책으로 사람들의 마음을 샀다고 합니다. 이렇게 사람들의 마음을 샀기에 큰 제국을 이루고 성공할 수 있었습니다.

반면, 얄팍한 상혼을 가진 상인은 사람의 마음을 사려고 하기보다는 손님을 수익을 올리기 위한 대상, 돈벌이의 대상으로만 대합니다. 이러한 상인이 운영하는 상점은 오래가지 못합니다. 직원을 함부로 대하는 경영자도 마찬가지입니다. 자신이 몸담은 회사이기에 최선을 다하고자 하는 사람의 마음을 농락하고, 그들의 적은 임금을 짜내어 수익을 내려고 하는 이런 경영자가 번 돈은 남의 가슴에 못을 박고 번 돈이자 한이 맺힌 돈이라고 할 수 있습니다. 그러니 그들은 어떤 일을 해도 잘 풀리지 않습니다.

누군가가 나에게 작은 호의를 베풀면 사람의 마음은 열리기 마련입니다. 내가 먼저 고개를 숙이면 상대방도 같이 고개를 숙이기 마련이지요. 받은 것을 갚아 주고 싶은 마음이 생기는 것이 인지상정이니까요. 이것은 종교계에서도 마찬가지일 것입니다.

예수님이 말씀하십니다. "민족들을 지배하는 임금들은 백성 위에 군림하고, 민족들에게 권세를 부리는 자들은 자신을 은인이라고 부르게 한다. 그러나 너희는 그렇게 해서는 안 된다. 너희 가운데에서 가장 높은 사람은 가장 어린 사람처럼 되어야 하고 지도자는 섬기는 사람처럼 되어야 한다. 누가 더 높으냐? 식탁에 앉은 이냐, 아니면 시중들며 섬기는 이냐? 식탁에 앉은 이가 아니냐? 그러나 나는 섬기는 사람으로 너희 가운데에 있다."

요즈음 교회에 신자 수가 감소되고 있다고 많은 사람이 걱정하고 있습니다. 그러나 이러한 예수님의 말씀을 다시 한번 생각해 보시길 바랍니다. 우리가 정말 걱정할 것은 신자 수가 감소하고, 교회 재정이 어려워지는 것이 아니라, 사제와 신자들이 교회를 찾아오는 사람들을 어떤 마음가짐으로 대해야 하는가입니다. 시대가 아무리 변해도, 사람의 마음을 움직일 수 없으면 어떤 일도 성공하지 못한다는 것은 변치 않는 진리입니다.

묵상 시간

사람들의 마음을 얻기 위해 어떠한 노력을 하고 있나요? 특히 가까운 사람들을 어떤 마음으로 대하고 있나요?

시련을 겪을 때
함께 있어 주세요

루카 22,28-30

　많은 사람들이 구원의 조건을 궁금해합니다. 그리고 그 조건이 사람이 감당하기 어려울 정도로 엄청난 것이리라 생각하면서 무겁고 두려운 마음으로 신앙생활을 합니다. 그런데 이 복음에서 알 수 있는 구원의 조건은 아주 간단합니다. 바로 여러 가지 시련을 겪을 때에 주님과 함께 있어 준 사람들이 구원을 받게 된다는 것입니다. 제자들이 순수하게 온전한 마음으로 함께한 것이 아니어도, 주님은 제자들의 순수성을 따지지 않으시고 제자들이 당신 곁을 떠나지 않은 것에 대하여 고마움을 표하십니다. 그리고 그들에게 이스라엘 열두 지파를 심판할 권한을 주신다는 엄청난 보상을 약속하십니다.

　우리는 세례를 받을 때 "믿습니까?" 하는 질문을 받습니다. 당연히 "믿습니다."라고 대답하지만, 실제로 눈으로 직접 볼 수 없는 영적인 세계와 하느님을 믿는다는 것은 쉽지만은 않은 일입니다. 설령 영적인 체험을 했다 하더라도 믿음이 뿌리내리는 일은 쉽지 않습니다. 우리 마음이 굳건하지 않기 때문입니다. 하지만 의심이 들더라도 믿어 보시길 바랍니다. 믿음으로 주님과 함께하시길 바랍니다. 주님은 자신과 함께해 준 사람들에게 엄청난 보상을 약속하셨기 때문입니다.

가장 어려울 때 내 곁에 있어 준 사람들에게 우리는 무척 감사해합니다. 왜냐하면 사람은 어려운 시기에 가장 마음이 외롭고, 괴로우며, 죽고 싶은 충동에 시달리는데, 이런 때 가장 필요한 것이 바로 사람의 체온이기 때문입니다. 그래서 신앙생활에서든, 사회생활에서든 상대방이 어려운 때에 함께하고자 하는 마음이 가장 소중하며, 동시에 자신의 인생을 더욱 풍요롭게 만드는 가장 좋은 수단입니다.

저는 살아온 길을 돌아보면서 항상 주님과 성모님께서 함께해 주셨구나 하는 생각을 합니다. 그분들은 믿음과 의심 사이에서 늘 갈등하고, 망상과 현실 사이에서 늘 방황하고, 가지 말아야 할 곳, 하지 말아야 할 일을 수도 없이 저지른 고약한 제 인생을 내치지 않으셨습니다. 단지 그분 곁을 떠나지 않았다는 이유만으로 그렇게 해 주신 것입니다. 참으로 관대한 하느님이십니다.

묵상 시간

죽은 후 하늘나라에 자신의 자리가 있다고 생각하시나요? 없다는 생각이 든다면 그 이유는 무엇인가요? 그리고 나와 하느님의 관계는 어떤지도 생각해 보시기 바랍니다.

약한 나를 고백할 때
진정한 힘이 생깁니다

루카 22,39-46

　주님께서 겟세마니에서 기도하십니다. 강하신 줄로만 알았던 주님께서 고난을 피하게 해 달라고 기도하십니다. 예수님은 약한 모습을 통해 그분도 우리와 같은 사람임을 보여 주십니다. 주님이 보여 주신 기도가 주는 메시지는 여럿이지만, 저는 하느님 앞에 약한 자신을 고백할 때 진정한 힘이 생긴다는 것을 보여 주셨다는 점이 가장 중요하다고 생각합니다.

　사람의 마음은 약하디 약합니다. 그런데 하느님 앞에서 약한 나를, 두려워하는 나를 솔직히 드러내고 나면 마음이 후련해지고, 미래에 대한 불안감이 줄어듭니다. 주님은 하룻밤 동안에 당신의 무의식 안에 있는 모든 약한 자아를 남김없이 성부 앞에서 보여 드렸습니다. 그렇기에 수난의 길을 당당하게 가실 수 있었던 것입니다.

요즈음 우울증이나 불안증 때문에 많은 분들이 힘들어합니다. 그래서 이에 대한 수많은 치료법들이 나왔습니다. 그런데 그중 석연치 않고 걱정스러운 치료법도 있습니다. 우울함이나 불안감을 없애기 위해서 늘 행복하게 살아야 하고, 늘 긍정적으로 살아야 한다고 강조하는 치료법이 바로 그것입니다. 이 치료법을 따른다며 유별나게 긍정적인 언행을 하고 자신감이 넘치는 행동을 하는 사람들이 있습니다. '하느님이 다 알아서 해 주실 거야.'라면서 무슨 일이든 선뜻 시작하고 자신이 하는 일이 조금만 잘되어도 엄청난 자신감을 가지고 과대 해석하는 사람들이지요. 그러나 이러한 언행은 건강한 것이 아닙니다. 그것은 자아가 팽창하는 데서 비롯된 조증으로, 심리적으로 들뜬 상태라고 할 수 있습니다. 이 사람들은 늘 자신감에 넘치고, 말이 많습니다. 그러나 그들의 이러한 모습은 허세에 불과합니다.

이러한 사람들에게 필요한 것은 약한 자아를 드러내는 일입니다. 물론 약한 자아를 드러내는 기도를 하는 것은 쉬운 일이 아닙니다. 주님 앞에서 허물어진 내 모습을 보이고 싶어도 내 마음 안에 있는 무언가가 내 입을 막는 듯이 느껴집니다. 이럴 때 자신의 입을 막는 것이 바로 콤플렉스입니다. '주님을 귀찮게 하지 말아야지.', '사내자식이 왜 징징대냐.'와 같은 내 안에 있는 잔소리꾼의 목소리가 주님 앞에 무릎 꿇고 싶은 나의 입을 틀어막고 기도하지 못하게 합니다. 이러한 콤플렉스에 지지 말고 복음에서 주님이 하신 것처럼 모든 약한 자아를 하느님께 내보이길 바랍니다. 그러면 자신의 길을 당당히 갈 수 있는 힘을 하느님께서 주실 것입니다.

묵상 시간

무기력하고 막막할 때 어떤 기도를 하시나요? 약한 나를 드러내는 기도문을 작성해 보세요.

믿음이 깊어지려면

루카 22,54-62

주님 앞에서 베드로가 결의에 찬 말을 하지만 주님은 그 말을 칭찬하시지 않으십니다. 오히려 베드로가 닭이 울기 전에 세 번이나 자신을 모른다고 할 거라고 예언하십니다. 주님은 사람이 약하다는 것과 사람이 가진 신앙심이 마치 모래성 같다는 것을 잘 아셨기 때문입니다. "주님을 믿습니다. 주님과 함께라면 어디든 갈 것입니다."라며 큰 소리로 외치는 사람이라고 해도 그 믿음이 얼마나 허망하게 무너지는지 주님은 너무나도 잘 알고 계셨습니다.

그런데 왜 주님은 베드로를 초대 교회의 지도자로 삼으신 것일까요? 베드로는 주님이 돌아가시고 난 후에 늘 사람들에게 자신이 얼마나 나약한 존재인지, 그리고 그런 자신을 주님께서 내치지 않으시고 받아 주셨다는 신앙 고백을 누누이 했습니다. 약한 나를 인정하고 나니 주님이 자신에게 얼마나 필요한 분이고 관대한 분이신지 깨달은 것입니다. 신앙의 역설이지요. 나약하고 죄 속에 사는 나를 인정할 때에 하느님에 대한 믿음이 더 깊어진다니 말입니다.

스스로 아는 것이 부족하고, 인격적으로도 부족하다고 생각하는 사람들은 늘 공부하려고 하고, 자신보다 더 나은 스승, 전문가를 찾아서 새로운 길을 구하려고 합니다. 그러나 자신이 어느 정도 경지에 도달하였다고 생각하는 사람은 더 이상 배우려고 하지 않고, 다른 사람들을 가르치려 하고 무시합니다.

우리와 하느님의 관계도 그렇습니다. 자신이 보잘것없는 사람이라고 생각하면 우리는 하느님 앞에서 머리를 조아리게 됩니다. 하지만 자신감이 충만하여 자기의 힘으로 뭐든지 할 수 있다고 생각하면 하느님을 믿기는커녕 기도할 생각조차 하지 않습니다.

믿음은 자신이 하느님께 얼마나 많이 용서받은 죄인인지를 인식하는 것만큼 깊어집니다. 그래서 우리 교회에서는 자기 성찰을 강조하고 권장하는 것입니다. 그러니 오늘은 시간을 내어 자기 자신이 얼마나 약한 사람인지, 그런 자신을 하느님이 얼마나 많이 용서해 주고 계시는지 살펴보시기 바랍니다.

묵상 시간

'이만하면 됐다.' 하고 생각했던 부분이 있나요? 또한 나의 부족함이 창피해서 숨기거나 감춘 것은 무엇인가요? 그런 것들을 하나씩 찾아봅시다.

사람에게는
자연 치유력이 있습니다
루카 22,66-71

    예수님이 대사제의 집으로 잡혀 갔습니다. 그러자 예수님을 지키던 사람들은 그분을 매질하며 조롱하였습니다. 또 예수님의 눈을 가리고 "알아맞혀 보아라. 너를 친 사람이 누구냐?" 하고 물었습니다. 그들은 이 밖에도 예수님을 모독하는 말을 많이 퍼부었습니다. 이러한 일로 주님께서는 깊은 상처를 입으셨습니다.
    하느님의 아드님이시자 사람의 아들이시기에 그분에게 그 상처는 참으로 깊고 힘겨운 것이었으리라 생각됩니다. 그러나 그렇게 상처를 입어 보신 분이라서 우리가 겪은 상처의 아픔, 우리 마음의 고통을 주님은 너무나도 잘 아십니다. 그래서 우리는 그분을 진정한 하느님으로, 진정한 스승님으로 믿고 따를 수 있습니다. 만약 주님께서 한 번도 마음에 상처를 입어보지 않으신 분이시라면 우리에게 그분은 그저 먼 거리에 있는 추상적인 하느님이기만 하셨을 것입니다.

주님과 마찬가지로 우리 역시 살아가면서 수많은 상처를 입습니다. 그리고 전혀 생각지도 못할 때 생긴 크고 작은 아픔을 겪으면서 우리 마음속에 있는 아이는 고통스러운 눈물과 울부짖는 소리를 냅니다. 그러나 사람에게는 자연 치유력이 있습니다. 상처를 입은 지 얼마 되지 않아 피와 눈물이 멎으면서 찢겨진 상처 위로 딱지가 앉고 새살이 돋아납니다. 그리고 이 새살은 이전보다 더 단단해서 우리의 마음을 더 강건하게 만들어 줍니다. 우리는 상처를 입을 때마다 약을 바르지만 상처와 아픔, 고통을 이겨 내도록 하는 힘은 결국 자기 자신에게서 나옵니다.

그런데 많은 사람들은 자신에게 그러한 힘이 있다는 것을 깨닫지 못하고, 심지어는 부정하려고까지 합니다. 그리고 자신의 상처만을 바라보면서 왜 자기가 이런 상처를 입어야 하는지 슬퍼하고 우울해하기만 합니다. 이런 사람들은 무기력한 인생, 우울한 인생을 스스로 만들어서 살기에 어느 누구도 도움을 줄 수가 없습니다. 우리가 입는 상처는 우리가 극복해야 할 대상이면서 또한 우리를 성장시켜 주는 중요한 요소이기도 합니다. 우리는 상처를 극복하고 회복하려고 노력한 결과, 상처를 이겨 내고 새살이 돋으면 시련을 이겨 낸 자신에 대한 기쁨과 자부심을 갖게 됩니다.

상처를 입지 않으려고 너무 몸을 사릴 때, 우리는 성장할 수 있는 기회를 놓치고 맙니다. 상처를 통하여 자신의 힘을 찾으려고 하는 적극적인 삶의 자세가 필요합니다. 그것이 상처와 수난을 견디고 이겨 내신 주님의 부활에 작게나마 동참하는 삶입니다.

묵상 시간

살아오면서 상처를 입은 일이 있다면 그 내용을 자세히 써 보세요. 그리고 그 상처가 내게 어떤 의미인지 묵상해 보세요.

진정한 어른이
되어 주십시오

루카 23,6-12

　헤로데는 주님에게서 표징을 보기 원하였지만 주님께서 보여 주지 않으시자, 자기 군사들과 함께 주님을 업신여기고 조롱한 다음 빌라도에게 돌려보냈습니다. 그리고 그동안 원수처럼 지내던 빌라도와 바로 그날 친구가 되었습니다. 어떻게 이런 일이 생길 수 있었을까요? 그것은 바로 어른이 없었기 때문입니다.

　윌리엄 골딩이 쓴 《파리 대왕》이란 소설이 있습니다. 비행기 사고로 무인도에 남은 아이들이 어른 한 사람도 없는 상황에서 살아가는 이야기를 그린 책인데, 아이들은 스스로 자신을 돌보아야 하는 상황 속에서 살육을 자행하는 괴물로 변해 갑니다. 아이들이 그렇게 공격적이고 잔인해진 것은 두려움 때문입니다. 두려움이 아이들 마음의 잔인성, 악마성을 자극해서 어린아이가 아닌 살인마가 되도록 한 것입니다. 만약 한 사람의 어른이라도 있었다면 그런 말도 안 되는 일은 벌어지지 않았을 것입니다.

어둠을 두려워하는 아이에게는 어둠 속에 네가 두려워할 것이 아무것도 없다고 알려 주는 어른이 필요합니다. 곧 날이 밝고 아침이 올 거라고 알려 주는 어른이 필요하지요. 헤로데가 자기 군사들과 함께 주님께 혹독한 짓을 했던 것은 바로 그 사회에 어른이 없었다는 것을 입증합니다. 그러한 까닭에 그들은 어둠에 둘러싸여서 늘 두렵고 불안한 삶을 살았고 미성숙한 행동을 했던 것입니다.

그렇다면 어른은 어떤 사람일까요? 우리 마음 안의 선과 악을 비롯한 다양한 힘을 적절히 조절하고 통제하는 법을 익힌 사람, 안팎에 널린 수많은 위험에서 자신과 타인을 보호하면서 세상을 좀 더 재미있고 살 만한 곳으로 만들려는 사람, 이런 사람을 어른이라고 합니다. 작은 공동체건 큰 공동체건, 교회건 사회건 간에 그 공동체의 구성원들이 얼마나 행복하게 살고, 서로를 존중하며 사는가는 공동체에 어른이 존재하는지 여부가 결정적인 영향을 끼칩니다.

그런 의미에서 우리 교회에서 건강한 신앙생활을 하신 분들에게 성인품을 드리는 것은 바로 어린아이 같은 신자들의 마음에 어른의 자리를 마련해 주기 위한 배려입니다. 어린아이들에게는 인생을 어떻게 살아야 하는지를 알려 주는 어른이 필요합니다. 그러나 나이를 먹어도 어른은 여전히 필요하지요. 왜냐하면 육체적으로 성숙해도 내면은 미성숙한 것이 사람이기 때문입니다. 그래서 우리는 우리 마음 안에 어른이신 주님을 모시는 것입니다.

묵상 시간

내게 충고해 주는 멘토가 몇 명이나 있나요? 그중 내가 존경하는 사람은 누구인가요? 그리고 주님은 나에게 어떤 분이신가요? 이를 곰곰이 묵상해 보시기 바랍니다.

주님은 묻지도 따지지도 않으십니다

루카 23,26-43

주님께 구원을 받으려면 어떤 마음을 가져야 할까요? 그 답이 바로 이 복음에 있습니다.

주님께서 십자가에 매달려 죽음을 기다리고 계시는 동안에도 많은 사람들이 주님을 조롱하고 비웃습니다. 그중에는 주님과 같이 처형당할 운명인 죄수도 한 몫을 합니다. 그런데 맞은편의 죄수는 주님께 청을 합니다. "선생님의 나라에 들어가실 때 저를 기억해 주십시오."라고 말이지요. 같은 십자가형에 처하게 되었는데 왜 두 사람이 아주 상반된 태도를 보인 것일까요?

한 사람은 늘 세상을 원망하고, 부모를 원망하면서 세월을 보내 냉소적인 성격으로 변한 사람입니다. 그러나 다른 한 사람은 늘 미안한 마음으로 살았습니다. 범죄를 저지르면서도 마음의 가책을 느껼고, 그럼에도 불구하고 그 죄의 상태에서 벗어나지 못하고 사는 자신이 늘 부끄러워서, 하느님 뵙기에 미안하고 죄송한 마음으로 산 사람입니다. 그 사람은 주님께 너무나 부끄럽지만, 자신이 주님 보시기에 합당치도 않고 주님이 원하시는 삶을 살지도 못하였지만 주님께 청을 합니다. 주님께서 마음이 너그러운 분이시라는 것을 믿고 청을 한 것이지요. 차마 데리고 들어가 달라는 말은 하지 못하고 기억만 해 달라고 하면서, 자기가 주님을 흠숭하는 마음을 가지고 있다고 고백한 것입니다.

그런데 주님은 그가 과거에 어떤 삶을 살았는지 묻지 않으십니다. 그가 지금 어떤 사람인지도 묻지 않으십니다. 그저 그가 당신을 부끄러운 마음으로, 미안한 마음으로 바라본 것만으로도 모든 것을 그냥 받아 주십니다.

우리는 이 복음에서 우리가 주님께 나아가기 위하여 가져야 할 마음가짐이 바로 미안한 마음, 주님을 뵙기에 송구스러워하는 마음이라는 것을 알 수 있습니다. 냉담을 하던 많은 분들이 과거에 신앙생활을 잘 못하여서, 혹은 주님 보시기에 합당치 못한 삶을 살아서 등의 이유로 주님을 가까이 하고 싶은 마음을 접고 삽니다. 그런 사람이라면 주님 오른편에 매달렸던 이 죄수의 고백을 묵상하고, 주님의 자비가 얼마나 끝이 없으신지 체험해 보시길 바랍니다. 그리고 미안하고 부끄러운 마음을 간직한 채 주님께 나아가시길 바랍니다.

묵상 시간

과거를 돌아보면서 부끄러움이 느껴지나요, 아니면 한 점 부끄러움이 없다는 생각이 드나요? 부끄럽다고 느끼신다면 무엇이 부끄러운지 깊이 생각해 보시기 바랍니다.

후회를
다루는 방법

루카 23,50-56

아리마태아의 요셉은 참으로 대단한 사람입니다. 많은 사람들이 정한 원칙에 개인이 반기를 드는 일은 웬만한 심장으로는 어려운 일인데, 아리마태아의 요셉은 의회의 결정과 처사에 동의하지 않고 예수님의 시신을 빌라도에게서 받아 내어 무덤까지 모셨습니다. 참으로 대담무쌍한 사람입니다. 아리마태아의 요셉은 어떻게 사는 사람이었기에 그런 과감한 행동을 한 것일까요?

저는 그가 후회 없는 선택을 하고, 후회 없는 삶을 사는 사람이었기에 그런 과감성을 가졌으리라고 추정합니다. 미국 코넬 대학에서 십 년 넘게 **후회의 심리학**을 연구해 온 토마스 길로비치는 대부분의 사람들이 크고 작은 후회를 안고 산다고 말했습니다. 아리마태아의 요셉처럼 사는 사람이 그리 많지 않다는 것이지요.

그렇지만 우리는 가능하면 후회가 적은 인생을 살 필요가 있습니다. 그러기 위해서는 후회를 적게 하도록 나름의 대응법을 익힐 필요가 있습니다.

첫째는 기회가 닥쳤을 때 그것을 적극적으로 거머쥐어야 합니다. 동화 작가인 맥스 루케이도가 말하기를, "적극적으로 달려들어라. 시간을 투자하여라. 편지를 써라. 사과를 하여라. 여행을 하여라. 선물을 사라. 무엇이든 하여라. 기회를 잡으면 즐거움이 오고, 기회를 놓치면 후회가 쌓인다."라고 하였습니다. 해도 후회하고, 안 해도 후회할 경우에는 일단 해 보고 후회하는 것이 낫습니다.

둘째, 어떤 일을 하지 않은 것에 후회한다면 **상황을 바로잡을 수 있는지 살펴보는 것이 중요합니다**. 그래야 그것을 계기로 삼아 자신에게 다시 일어날 동기를 부여할 수 있습니다.

셋째, 상황을 바로잡을 방법이 없다면 자신의 마음을 사로잡고 있는 '그렇게 했다면 어떠어떠한 좋은 일이 있었을 텐데.' 하는 생각을 울타리에 가둬 버리고, **지금의 상황이 가져다주는 이점 세 가지를 생각해 보는 것이 좋습니다**.

후회 없는 인생을 산다는 것은 참으로 어려운 일입니다. 그러나 그러한 후회를 다루는 방법은 그리 어려운 일은 아닙니다.

> **묵상 시간**
>
> 살아오면서 후회되는 일이 있나요? 있다면 생각나는 대로 써 보시고 이를 어떻게 해야 할지 묵상해 보세요.

지나간 과거와
마주하기

루카 24,1-12

안식일 다음날, 제자들과 여인들이 보인 태도는 아주 상반됩니다. 여인들은 부리나케 주님의 무덤으로 향하였으나, 제자들은 말 그대로 방 안에 숨어 있었습니다.

왜 이렇게 전혀 다른 모습을 보인 것일까요? 이는 과거에 대한 기억 때문입니다. 주님께서 처참하게 돌아가신 기억 때문에 제자들은 자신을 방 안에 가뒀던 것입니다. 사람들은 과거에 상처받고 무서웠던 기억에 비추어서 현재를 바라보는 습성이 있습니다. 현재는 과거에서 파생되며, 그것은 미래를 결정짓기 때문입니다. 그렇기에 나의 현재와 미래는 내가 지나온 과거에서 자유로울 수 없습니다.

과거에 받은 정신적인 충격에서 벗어나지 못하면 그 고통이 지금의 나를 지배하고, 나의 미래까지 이어집니다. 내가 내 인생의 주인이 되어야 하는데, 떠올리기 싫은 과거가 나의 주인이 되어 과거의 기억에서 벗어나지 못하게 합니다. 또한 자기 마음의 진정한 부분을 찾아내지 못하게 합니다. 따라서 마음의 고통을 씻어 내기 위해서는 우선 내 마음을 열어 상처를 내보이고, 자신의 상처에 대하여 대화하며 치유하는 시간을 가져야 합니다. 그렇게 과거를 온전히 돌아보지 않고서는 우리의 내적인 삶은 성장할 수 없습니다.

그런데 대부분의 사람들은 분노하며 과거를 부정하거나, 합리화하면서 적당히 덮어 버리려고 합니다. 정신 분석가 윌프레드 비옹에 따르면, 사람에게는 자신이 경험한 것의 진실을 알고 이해하고 싶은 욕구와 그것을 알고 싶지 않고 피하고 싶은 욕구가 모두 있다고 합니다. 과거를 추억하면서도 과거의 상처에 침묵하려 한다는 것입니다. 이런 까닭에 과거에 대한 기억을 억압하고 부정하며, 마치 그 일이 꿈에서 일어난 일인 것처럼 비현실화시켜 죽음과도 같은 침묵의 세계로 들어가 버리는 것입니다.

제자들이 깊이 침묵하며 방 안으로 숨은 것도 같은 이유입니다. 그러나 침묵은 과거의 상처를 덮어 주고 치유해 주기는커녕, 과거의 상처가 어두운 곳에서 곪고 더 자라게 할 뿐입니다. 지나간 과거를 기억해 내는 것은 과거에 사로잡혀 사는 것 같지만, 수치스럽고 무력했던 자신과 마주함으로써 자신의 실체를 이해하도록 해 주는 중요한 과정입니다. 과거의 상처와 고통, 원한 등을 씻어 내야 자신을 관찰하고 비평할 수 있는 능력을 되찾을 수 있고, 그것으로부터 배우고 나아갈 수 있기 때문입니다.

> **묵상 시간**
>
> 나의 과거사 중에서 지금 나의 발목을 잡고 있는 것은 어떤 것이 있는지 상세히 써 보시고 이를 풀어 보는 시간을 가져 보세요.

엠마오로 가는 길

루카 24,13-35

　제자 두 사람은 주님이 돌아가시자 상심하여 엠마오로 가고 있었습니다. 주님이 자신들의 아버지이시자, 스승이시기에 그들은 상실감이 컸을 것입니다.

　우리네 인생은 태어나서 죽을 때까지 성장해 가는 과정입니다. 우리는 우리에게 주어진 시간이라는 길을 따라서 한 계단씩 한 계단씩 올라갑니다. 그런데 집을 지을 때 기초가 중요한 것처럼, 사람도 어린 시절 몇 년 동안이 삶의 건강성을 좌우합니다. 그 시절을 얼마나 건강하게 보냈는가에 따라 평생 건강한 삶을 살지 그렇지 않을지가 결정됩니다. 어린 시절 경험한 것이 세상을 보는 관점을 형성하고, 대인 관계를 맺는 방법을 만들고, 인생길을 선택할 때에 결정적인 영향력을 행사하기 때문입니다.

그러나 어린 시절이 건강하지 못했다고 해서 내 인생을 더 이상 어쩌지 못하게 되는 것은 아닙니다. 주어진 시간 동안 나는 내 인생의 궤도를 수정할 수 있는 수많은 기회를 갖기 때문입니다. 내가 내 문제를 인식하고 주님께 기도하면, 주님께서 나에게 필요한 사람들을 보내 주셔서 내가 건강해질 수 있도록 도와주십니다. 이때 중요한 것은 나의 의지, 나의 열정입니다. 엠마오로 가는 제자들은 그런 열정을 가진 사람들이었습니다. 그래서 주님께서 그들이 가는 여정에 같이 해 주시고 가르침을 주시는 은총을 베푸신 것입니다.

그런데 한 가지 주의할 것은, 자신을 있는 그대로 보고 시작해야 한다는 점입니다. '행복해지려면 자신에게 주어진 운명을 직시하고 그에 걸맞게 살아야 한다'는 것이지요. 그러기 위해서는 자신의 원점을 이해하고 성장 과정을 되돌아보는 것이 먼저입니다. 그런 다음 자신에게 어떤 것을 기대할 수 있는지 생각하고, 자신이 지금 할 수 있는 일을 추구해야 합니다. 그래야 점차 발전하는 나를 만들어 갈 수 있습니다. 그리고 이것이 자신의 상황을 올바르게 이해하는 행동입니다.

묵상 시간

나의 인생을 돌아보면 어떤 감회가 생기나요? 인생길에서 주님의 이끄심을 느낀 적은 언제인가요? 지금 자신에게 만족하고 있나요?